不吼不叫,别和青春期的孩子较劲

杨霞 著

天津出版传媒集团

天津科学技术出版社

图书在版编目（CIP）数据

不吼不叫，别和青春期的孩子较劲 / 杨霞著 . -- 天津：天津科学技术出版社，2020.8

ISBN 978-7-5576-7404-5

Ⅰ.①不… Ⅱ.①杨… Ⅲ.①青春期—家庭教育 Ⅳ.① G782

中国版本图书馆 CIP 数据核字 (2020) 第 036497 号

不吼不叫，别和青春期的孩子较劲
BUHOU BUJIAO, BIE HE QINGCHUN QI DE HAIZI JIAOJIN
责任编辑：吴文博
责任印制：兰　毅

| 出　　版： | 天津出版传媒集团 |
| | 天津科学技术出版社 |

地　　址：天津市西康路 35 号
邮　　编：300051
电　　话：（022）23332377
网　　址：www.tjkjcbs.com.cn
发　　行：新华书店经销
印　　刷：三河市三佳印刷装订有限公司

开本 710×1000　1/16　印张 13.25　字数 180 000
2020 年 8 月第 1 版第 1 次印刷
定价：42.80 元

前言

"我女儿14岁了,最近我发现有一个男孩经常在楼下等她,一问她,就说是普通朋友,问多了,就急了,说我不信任她!这都快初三了,要真早恋,影响了中考,考不上重点高中可咋办呀!"

"我儿子从上初二开始就天天逃课,整天跟一帮小混混在一起,越来越不像样!"

"我儿子以前有什么事都跟我说,可现在只要在家就把自己关在屋子里,要么就和朋友煲电话粥,有说有笑,无所不谈,我这个当妈的,除了要钱时有用,其他时间就是个摆设!这就是传说中的青春期吗?"

没错,这就是传说中的青春期。

青春期是孩子由童年走向成年的过渡阶段,又被称为人生的危险期。这是因为——

青春期的孩子有时就像脱缰的野马,桀骜不驯,喜欢和父母对着干。

青春期的孩子个性中多了几分敏感,情绪容易大起大落。

青春期的孩子注重穿着打扮,虚荣心也可能随之膨胀。

青春期的孩子很乐于交朋友,但是交友观有待加强。

青春期的孩子学习上开始亮红灯，有的会沉迷于网络游戏。

青春期的孩子情窦初开，"早恋"成了不可回避的话题。

青春期的孩子产生"性意识"，对异性的身体充满好奇。

青春期的孩子向往未来，同时又对未来充满畏惧。

面对青春期孩子的种种问题，父母焦虑、唠叨、指责、严加管控，而孩子则以更加激烈的方式来对抗父母的管教，他们大吼大叫、摔东西、歇斯底里地哭闹，他们的心里会觉得父母落伍，不可理喻。有的孩子甚至试图以离家出走来摆脱父母的管控，更有甚者，以轻生来逃避青春期的种种压力和烦恼。总之，父母越管束严格，孩子的反抗就越激烈，结局也就越糟糕。

叛逆、厌学、早恋、损友、性……这是很多青春期孩子都逃不掉的话题。于是，越来越多的父母发出诘问，现在的孩子怎么了？其实，真正应该问的是，现在的父母怎么了？一定要和孩子"较劲"才算是管孩子吗？你了解孩子内心的想法吗？知道他正在经历的苦和痛吗？如果连父母都不了解他，不理解他，他还要向谁求助呢？如果父母所能想到的一切管教的方法都对青春期孩子无效，还要怎么办呢？

这就需要父母重新审视青春期孩子，也重新审视自己的教育方法。父母更要明白，青春期不等于叛逆！孩子没那么难管，只是你不懂！即使孩子表现得再叛逆、再冷漠，他在内心深处也渴望得到父母的支持！本书围绕青春期孩子的身心发展特点，从生理发育、心理健康、情绪管理、社交、学习、异性交往等几方面入手，通过对大量典型案例的解读，帮助父母有效地解决青春期孩子的种种问题，具有很强的可操作性，帮助父母引导孩子把青春期变为成长黄金期。

目录

第一章 青春期：孩子向左走，父母向右走

> 青春期的孩子：叛逆、情绪多变、孤独、矛盾；更年期的父母：焦躁、心神不宁、多疑、唠叨。毫无疑问，如果说青春期是"火星"，那么更年期就像是"金星"，当两颗星球相遇，必定会产生很多无法预料的问题。
>
> 在青春期这个阶段，总是伴随着多种多样的矛盾和层出不穷的挑战，作为父母，又该何去何从？

青春期——孩子的"第二次诞生" / 002

解读"小刺猬"的叛逆心理 / 006

为什么孩子的心离父母越来越远 / 009

为什么孩子总和大人对着干 / 012

为什么在孩子眼里，朋友比父母更重要 / 015

在青春期的孩子面前，父母很容易成为尴尬的人 / 018

父母的爱，要说出来 / 021

青春期的孩子，离不开父母的陪伴 / 024

第二章　做好青春期孩子的父母，是门高深的学问
——走进孩子的内心世界，进行心与心的对话

> 青春期的世界并不全是布满地雷的"禁入区"，恰恰相反，青春期的孩子从内心渴望着被理解、被关注、被爱护。当然，敏感的青春期孩子也不会让父母轻易进入自己的内心，毕竟这里藏着他们的小秘密。
>
> 父母要想走进青春期孩子的内心世界，就要读懂他们的心理变化，绕过那些青涩的小秘密，这样你才能与青春期的孩子建立心灵上的沟通。

千万不要和青春期孩子较劲 / 028

"狂飙期"，孩子到底想要什么 / 031

走进孩子的内心世界，进行心与心的对话 / 035

及时调整与孩子的相处方式 / 037

如何做孩子生命里的第一位良师益友 / 040

五大真相，揭秘青春期孩子的困惑 / 043

亲子关系升温的秘密——理解、宽容、表扬 / 045

第三章　如何说，青春期的孩子才会听

> 进入青春期的孩子们，常常会觉得爸爸妈妈唠叨、多管闲事，因此对父母的教育常常产生逆反心理，其实这主要是父母不知道怎样与孩子沟通造成的。
>
> 要想和青春期的孩子有效沟通，父母首先要改变自己的思维习惯和思想认识，把握青春期孩子的心理特点和性格特点，掌握与青春期孩子沟通的技巧和方法，这样做，孩子才会听。

积极倾听，永远都是沟通的第一步 / 050

父母越唠叨，孩子越逆反 / 052

"你不听也得听"——父母不要总是高高在上地命令孩子 / 056

冷嘲热讽的话语，会使孩子受辱 / 059

批评孩子的艺术 / 062

表扬孩子的艺术 / 065

字条、网络、短信是更具效力的沟通渠道 / 069

第四章 早恋、性——这样引导最正确

> 对于青春期的孩子来说，早恋、性这两个话题是他们最大的困惑，也是父母最头疼的事情。很多父母都为担心孩子过早地踏入"雷池"而苦恼，如果处理不当，不仅会影响孩子正常的生活和学习，还会影响他们的身心健康。
>
> 早恋就像一朵带刺的玫瑰，美丽但易凋谢；而说到性，却又总是让人难以启齿。面对这些问题，父母该如何把握，才能帮助孩子解开青春期的密码呢？

理解青春期孩子的情感需求 / 074

孩子早恋有哪些征兆 / 077

怎样理性引导早恋的孩子 / 080

青春期孩子面临哪些性困惑 / 083

跟青春期孩子谈性，家长需要注意哪些问题 / 087

发现孩子手淫怎么办 / 090

什么时候可以和孩子谈性 / 093

如何教孩子正确面对开放的社会 / 095

第五章　网络是把双刃剑，积极正确的引导是关键

> 网瘾如猛虎。然而，父母却不能因为惧怕孩子上瘾就因噎废食，毕竟我们生活在一个信息化的时代，让孩子具备电脑及网络常识是时代所需。
>
> 那么，面对网络这把双刃剑，父母所能做的就是平和地对待孩子上网的问题，教育孩子如何科学上网和从容面对网络上的各种诱惑，充分发挥网络对孩子成长的积极作用，减少其消极作用。

为什么说网瘾不是孩子一个人的错 / 098

网络游戏到底能不能玩 / 101

孩子迷恋网络游戏，需要及时正确的引导 / 103

怎样教育孩子正确使用电脑和网络 / 106

怎么教育孩子正确处理网络人际关系 / 108

孩子在网吧彻夜不归怎么办 / 110

与时俱进，做个潮流父母 / 114

第六章　父母巧妙引导，孩子就会爱上学习

> 学习，是孩子成长中最重要的事情，也是很多孩子和父母矛盾的导火索。遗憾的是，仍然有很多家庭没有找到科学的学习方法。比如，怎样提高孩子各学科的成绩？怎样应对孩子厌学、逃学的现象？怎样帮助孩子克服考试焦虑？怎样看待孩子的分数？……这些都是父母的必修课。父母掌握一定的教育方法和技巧，就会让孩子轻轻松松爱上学习。

学习原来这么好玩儿啊——让孩子带着兴趣去学习 / 118

如何帮助孩子制订有效的学习计划 / 121

怎样帮助孩子养成良好的学习习惯 / 124

语文——提高学习兴趣是关键 / 128

数学——找到"窍门"是关键 / 131

英语——让孩子用学习母语的方法学习英语 / 135

阅读——是孩子获得知识的最好途径 / 140

孩子偏科怎么办 / 143

第七章 别拿分数当指标，孩子的情商培养更关键

> 在青春期，很多父母最关心的是孩子的学习成绩，往往忽视了对孩子情商的培养。美国哈佛大学教授丹尼尔·古尔曼认为："情商是决定人生成功与否的关键。"而对于青春期孩子来说，情商的培养在很大程度上和父母息息相关，所以父母一定要重视孩子的情商教育，为孩子日后的成功打下坚实的基础。

"我是最棒的"——孩子自我激励情商的培养技巧 / 148

培养孩子与人相处的社交情商 / 151

如何培养孩子的自控能力 / 154

自信心培养的技巧 / 159

挫折教育，把适当的压力还给孩子 / 161

领导能力——高情商的必备素质 / 164

怎么教育，孩子才能学会自我管理 / 168

第八章　青春期不是危险期，帮孩子解决成长的问题

> 处于青春期的孩子会出现各种各样的心理矛盾和压力，如果这些问题不能得到很好的疏解，孩子就有可能在情绪以及行为等方面出现问题，甚至还会出现严重的心理行为偏差。所以，对于孩子在青春期出现的"红灯"，父母一定要提高警觉，温和、耐心地引导孩子，带他们走出危险的禁区。

"问题少年"从哪儿来 / 172

理性对待孩子的追星现象 / 175

怎样教育孩子正确对待金钱 / 178

发现孩子吸烟、喝酒怎么办 / 181

校园暴力到底离孩子有多远 / 184

"好朋友"VS"坏朋友"——引导孩子谨慎交友 / 188

什么原因导致孩子离家出走 / 192

任何时候生命都是第一位的 / 195

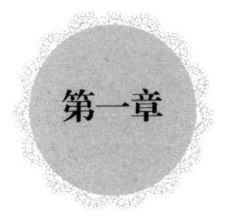

第一章

青春期：孩子向左走，父母向右走

青春期的孩子：叛逆、情绪多变、孤独、矛盾；更年期的父母：焦躁、心神不宁、多疑、唠叨。毫无疑问，如果说青春期是"火星"，那么更年期就像是"金星"，当两颗星球相遇，必定会产生很多无法预料的问题。

在青春期这个阶段，总是伴随着多种多样的矛盾和层出不穷的挑战，作为父母，又该何去何从？

青春期——孩子的"第二次诞生"

一个新生命的诞生会给人们带来无限的喜悦，当妈妈怀抱着小宝贝幸福微笑时，周围的人也会跟着幸福起来。新的生命给人们带来了快乐和希望。粉嫩的小脸蛋，柔软的小胳膊和小腿，纤尘不染的清澈眼神，一切都是如此新鲜美好。这是人之初时的情景，而诞生的意义更是大到无法描述。

婴儿一天天长大，度过儿童期，成长为小小少年，也就是11岁左右时，会迎来"第二次诞生"——青春期（也叫叛逆期、反抗期等）。而10～16岁，正是这一时期的最关键阶段，也是人一生的关键时期，它决定着一个人以后的人生方向。可以说，这个时期是孩子命运升沉的旋转门。

心理学家认为：当孩子进入青春期以后，其心理开始变化，主要表现为"自我发现""对未来的生活产生设想""开始逐步跨入生活的各个领域"等，跟儿童期的心理差别很大：这一时期，孩子的思想、观念开始形成，人生开始觉醒。这也说明心理的成长变化是构成青春期的重要元素，是重中之重。

心理学家埃里克森指出，青春期的基本任务是建立自我同一感。这一时期，孩子开始关心自己在别人心目中的形象，开始思考"人为什么活着""我是谁""我是个怎样的人"等问题，不再像儿童时期那样只知吃喝玩乐，而是开始了自我审视。

一个初二的学生看到一篇报道后竟然想要退学！因为当他由这

个故事想到自己的时候，竟然发现那么相似。这篇报道是记者采访一位放牛娃时，二人带有传奇色彩的一段对话：

记者："你每天放牛是为了什么啊？"

放牛娃："赚钱。"

记者："赚钱又是为了什么？"

放牛娃："娶媳妇。"

记者："娶媳妇是为了什么？"

放牛娃："生娃。"

记者："生娃希望他做什么呢？"

放牛娃："放牛。"

……

这个退学的孩子说：我的生活就如同这个放牛娃一样，每天遵循着"学习——考大学——找工作——结婚——生孩子——子女上学——子女考大学……"这样一个怪圈。因此，他感到很失望，他觉得自己的生活竟是如此周而复始，一成不变，所以他想要过一种不一样的人生！

有多少青春期的孩子在问自己："我为什么学习？为了父母的面子？还是为了老师的教诲？读书到底有什么意义呢？"

对自己的生活产生好奇和疑问是青春期孩子内心的觉醒过程，也是他们从青涩到成熟的必经之路。

所以，"第二次诞生"意义非凡，是生命体的再一次蜕变。而最为关键和重要的是，心理上的变化和成长，是人的社会性发展的标志。

如果说儿童期是"外界的获得时代"，那么，青春期则是"内部的获得时代"。由于生理发展的启动，青春期的孩子会逐渐地将注意力转向自己的内部。在青春期最初阶段，他们常常会因为自己不能掌握这种变化而烦恼，结果昔日儿童时期平静的心田被搅乱，陷入反抗、冷淡、蛮横、怠慢、多变等不安的情绪中。他们不仅对外界，就是对自己也都会采取"否定"的态度。因此，也有的心理学家把青春期称为"否定期"或"反抗期"。

心理学家霍尔认为，到了青春期，人的身体与心理跟以前相比，大为不同，而发展的趋势是跳跃的。他们对于社会的义务感和情感生活忽然惊醒，他们既不了解世界，又不了解自身生理的发展所引起的心理变化。因此，霍尔把青春期称为"危机时期"；而心理学家则将其称为"暴风骤雨时期"；心理学家又将其称为"疾风怒涛时期"。无疑，青春期是"从他律向自律发展的转变期"，也是"人生的十字路口"。

……

看到这么多专家学者的研究以及对青春期的总结和定义，我们就能想到，这是一个多么特别的时期，又是一个多么不好管理和难以控制的时期。青春期是身心各方面发生很大变化的时期，不过也是精力旺盛、兴趣广泛、对人生充满幻想的时期。在生理上，身体迅速发育成熟；在心理上，思想逐渐觉醒。这种身心的时差，带来了急剧而复杂、广泛而深刻的心理矛盾和心理动荡。因而，这一时期被普遍认为是人生中最关键的转折时期。

所以，父母一定要重视孩子在青春期的成长和教育！

如果说从母体诞生是生命个体的成熟，那么人的"第二次诞生"就是个体心理的日趋成熟。婴儿呱呱坠地的那一刻，母亲的分娩之痛与孩子的奋力挣扎，共同完成了人生的伟大一课。而青春期孩子和父母的"对峙"，则是人生要完成的又一伟大课程。

父母如果对孩子的青春期能有一个清楚的了解和认识，就会在教育孩子的过程中得心应手，促进孩子的健康成长，反之则烦心劳神，对孩子的成长产生负面作用。

在孩子漫长的青春期历程中，10～16岁这一阶段是青春期转变最为关键的时期，因为这一阶段是冲突最为激烈的时期，不管是孩子自己内心的各种冲突，还是孩子与父母之间的冲突，都如暴风骤雨般激烈而迅猛。下面，就让我们一起来了解一下孩子的青春期特征，以便父母们更好地帮助孩子成长。

我们先来看一下青春期的心理实质：心理学认为，人的大脑是脑的高级部位，是心理活动的主要器官和物质基础。青春期是一个人大脑从生长发育日趋走向成熟的时期，大脑的兴奋性比较强，可塑性大，容易接受新鲜事物。尽管人的大脑在6岁时已达到成年人脑容量的90%～95%，但其发育还没有成熟，第二次重要的发育贯穿了整个青春期，大脑会发生第二波的增殖和修整。美国科学家研究发现，大脑纤维系统（用于在脑半球间传递信息，并能清楚显示出大脑的活动情况）在青春期快速发育。有些灰质——神经元和它们分支般的树突都会愈益变粗，在女孩约11岁、男孩约12.5岁时达到高潮。大脑结构上的成熟，也就保证了功能作用的发挥。从而，才有了青春期心理活动的复杂多样。

青春期心理特征可概括为以下几点。

（1）身心发展有时差，容易产生不平衡。

（2）智力发展迅猛，头脑活跃，是学习的最佳时期。

（3）情绪强烈多变，喜欢憧憬未来并富于幻想。

（4）自我意识高涨，个性的可塑性强。

（5）希望得到父母和老师的理解和尊重。

（6）情感单纯，需要父母和老师的引导。

（7）交际发展有主见，交际范围扩大。

（8）理想发展起伏不定，容易受境遇影响而变化。

而青春期的生理变化表现得则更加明显。

首先，身体上的变化：男孩肌肉开始变得粗壮，喉结突出，长出胡须、腋毛、阴毛，汗毛加重，声音变粗。女孩身高、体重增加，出现了第二性征，皮肤细腻，骨盆变宽大，乳房隆起，声调变高变细，长出腋毛、阴毛。

其次，性成熟方面：男孩出现遗精，女孩来月经。

这些身体的变化也影响着孩子的心理变化，情绪发展强烈、多变，易陷于孤独寂寞之中。

因此,把青春期看作是人的"第二次诞生",是有科学依据且具有深刻含义的。青春期的不安以及给父母带来的困扰也不亚于新生命诞生给母亲带来的阵痛。青春期的这种阵痛,家长和孩子都能感受得到,如果教育不得法,整个家庭都可能陷入剧痛。

解读"小刺猬"的叛逆心理

心理学家认为,人的一生要经历两次"诞生":第一次是新生儿初次来到这个世界,他们用哭喊来宣告自己的存在,"我是脆弱的生命,需要保护和关爱,需要你们在身旁时刻守护";第二次就是青春期,此时的孩子用完全不同的方式来强调自己的存在感,"别管我,离我远点儿,别像看小孩子一样把我管束起来,我需要自己的生活空间。"

青春期的孩子试图从大人的约束中解放出来,对婆婆妈妈式的说教及过分关心会产生反感,开始从"言听计从"向"追求平等"过渡,他们对待问题有了自己的观点,于是常常会顶撞父母:"你说我不好,我还认为你不对呢!"抛开生理上的变化带来的情绪问题,青春期的孩子之所以变得满身是"刺",在很大程度上与父母对待孩子的方式有关。

1. 父母的溺爱是青春期孩子满身是"刺"的重要诱因

"帮我把碗洗了吧?"正在擦地的妈妈对陈曼说。

坐在沙发上的陈曼头也不抬地说:"不会,老师没教过!"

"你这孩子,洗碗这么简单的事还要学啊?"妈妈嗔怪道。

陈曼毫不客气地回答说:"会洗我也不洗,我又不是保姆!"

陈曼如此恶劣的态度让妈妈愕然,她怎么也想不明白:为什么自己尽心照料的孩子如今变成了"白眼狼",总是和自己顶嘴?不论自己说什么、做什么,只要不合心意,陈曼都会像刺猬一样用伤人的话戳她的心。难道青春期的孩子都这样吗?

很多青春期的孩子和陈曼一样对父母的付出熟视无睹,心安理得地享受着关爱,而且还会时不时地"翻脸",为什么会这样呢?

老话说"人越待越懒,越吃越馋",一个从小就被娇纵的孩子进入青春期之后是很难一下子变得勤快的,如果此时父母让他做这做那,他自然会不耐烦,父母的过于"勤快"让孩子丧失了独立的本能,让他觉得即使是应由自己独立完成的事情也"与我无关"。

2. 简单粗暴的处理问题的方式容易引发孩子的对立情绪

黄文昊上小学五年级,他的数学成绩一直不理想,为此妈妈很着急。

"你长脑子是干什么用的,这样的问题都能错?"黄文昊考完试,刚一到家,妈妈就对他吼了起来。

黄文昊讪讪地回答:"我马虎了,没看到题中给的假设条件。"

"没看到,没看到,说你多少遍都不长记性。"妈妈气得直拍桌子。

"我下次注意,我保证。"黄文昊用余光轻轻瞥了妈妈一眼,赶忙又低下了头。

妈妈的火气依旧很大,用力地拍着桌子说:"保证有什么用,把这道题抄写50遍,抄不完今天晚上就饿着,看你长不长记性!"

说完，妈妈狠狠地把卷子扔到了黄文昊面前。

"我不写！不让我吃饭，我还不稀罕呢，你做的饭简直难以下咽。你嫌我丢人，我还嫌弃你呢。罚站、抄写，除了这些，你还会什么？你口口声声说为我好，那我问你，你除了简单粗暴地对待我之外，真正为我想过解决办法吗？"黄文昊愤怒得满脸通红，青筋暴起，给妈妈丢下一串狠话。

虽然这个例子中妈妈的态度与上一个例子中妈妈的态度截然相反，但这种简单粗暴处理问题的方式和溺爱一样"殊途同归"，只会将孩子的情绪推向对立面。妈妈的坏情绪会让孩子的情绪瞬间变糟糕，孩子的情绪反过来又会影响妈妈，而对立就出现在这种负面情绪的相互强化中。久而久之，简单粗暴的妈妈养出了同样简单粗暴的孩子，搬起石头砸了自己的脚。

3. 父母不能容忍小错误会诱发孩子犯下大错误

孩子的问题：学习成绩出现小幅度下滑。

妈妈的对策：赶忙联系补课班，为孩子报了一个学期的课程。

孩子的问题：和班里的某位异性同学关系密切。

妈妈的对策：围追堵截、严防死守，一定要将"早恋"的苗头扼杀在摇篮里。

谁在年少轻狂的岁月里还能不犯一点儿小错误？青春期的孩子对周围的一切都抱有强烈的好奇心，难免会做出一些有违"好好少年"标准的事情，这本是人之常情。但有的父母却有着一种近乎"被迫害妄想症"的心理：孩子成绩下滑就可能考不上大学；和异性关系紧密就可能发展成恋爱关系，甚至发生一些出格的行为；孩子提早10分钟溜到球场去占位置、打比赛，就是走向"逃学威龙"的前兆……总之，孩子的任何小错误，在父母眼中，都会被无限放大,决不能容忍。这样就是正确的教育吗?当然不是,智慧的父母在对待叛逆期的孩子时应抓大放小、宽严相济,有时候"睁一只眼,闭一只眼",或者"反其道而行之"也许会取得意想不到的效果。

孩子并不是天生喜欢跟父母作对,他们也有不能掌控的情绪、无法解决的困惑。父母决不能把孩子推向情感的对立面,一方面父母要约束自身的行为,另一方面给予孩子成长的时间和空间,给那个满身是刺的"小刺猬"一个"浪子回头"的机会,这才是尊重孩子,并且能够赢得孩子尊重的明智之举。

为什么孩子的心离父母越来越远

赫冉的妈妈最近有些郁闷,她发现孩子虽然一天天长大,却越来越沉默了,不爱跟父母说话,放学一回家就把房间门关上,连吃饭都是父母喊了好几次才出来,饭桌上也不和父母交流。妈妈想问问赫冉在学校的表现,功课怎么样或者跟同学相处得怎么样,但他却都是爱理不理地随便应付两句。问多了,赫冉便不耐烦地给父母个白眼,气呼呼地说:"你怎么那么多事啊?我在学校里还能干吗,不就是天天上课、考试吗?你问那么多能替我考试啊?"

妈妈有些生气,刚上初一的孩子怎么就变成这样了呢?以前那个可爱的、什么话都和妈妈说的孩子哪儿去了呢?记得小时候,赫冉总是缠着妈妈问这问那,家里到处是他清脆的童音。就是上小学以后,他也是很听话的,问什么说什么。现在眼看着他个子越长越高,心却离父母越来越远了。

妈妈们在一起聊天时发现，不但是赫冉变了，同龄的孩子都出现过类似的情况。芳芳的妈妈说：我近来发现芳芳有些异样，放学回到家就钻进自己的房间，也不向我报告学校的情况了。从房间出来时，有时一脸的笑，有时又眉头紧锁。问她是不是有什么不愉快的事，她摇摇头不说话，还一副忧郁深沉的样子。有时我在她房间门口偷偷听她在干什么，竟然都是在打电话。唉，这孩子也不知怎么了，你眼看着她悄悄变了个样。

其实，孩子的这些表现，都是青春期的典型特征。他们的心理随着身体的变化也一天天变化。

孩子步入青春期，大脑中的下丘脑会加速分泌促性腺素激素，这种激素会使男孩的睾丸大量分泌雄性激素，使女孩的卵巢大量分泌雌性激素。在性激素的作用下，男孩和女孩的身体和生理都进入快速发育期。身体外形的改变，生理现象（如男孩遗精、女孩月经）的出现，让青春期孩子对自己产生好奇和疑问，也给他们的心理带来很大的震动和不安。另外，由于大脑功能的进一步分化和完善，孩子心理活动的复杂性和自控性日益增强，思维和思想意识也发生了变化。

在这些成长变化中，生理的发育又超过心理的发育，导致了心理不平衡现象的出现，所以，有一些青春期的孩子常常烦躁不安，不想听父母唠叨。有人把这一时期叫作"第二断乳期"，就相当于在2岁左右，孩子在生理上和母亲之间的断乳，而这次断乳则是指心理上和父母之间的断乳。

美国心理学家爱利克·埃里克森指出，青春期的基本任务是建立自我同一感。这一时期，孩子开始关心自己在别人心目中的形象，开始思考"人为什么活着""我是谁""我是个怎样的人"等问题，不再是儿童时期的只知吃喝玩乐，而是开始了自我审视。孩子也开始产生对未来生活的设想，逐步跨入生活的各个领域，思想、观念开始形成，"人生开始觉醒"。因此，也有心理学家把青春期称为"人生的第二次诞生"。

可以说，第一次诞生的是一个活的生物，第二次诞生的则是一个真正的人，一个不仅看到周围世界，而且也看到自身积极的、有思想的、正在起作用的人。

青春期孩子的心理变化具体表现在以下几个方面。

1. 困惑感

由于生殖系统的发育，他们对遗精、月经及第二性征的发育感到困惑或难堪，一方面羞于和异性在一起，另一方面又想与异性交往。

2. 独立与依附的矛盾心理

青春期的孩子开始用自己的眼睛去看世界，用自己的头脑去思考世界，开始自己主宰自己。同时，他们开始对父母和老师的教导产生怀疑，不愿事事受父母、老师的指挥。但在经济上，他们仍需要依靠父母，必须与父母住在一起，受家庭的约束。这种独立与依附的矛盾心理，常会使青春期的孩子情绪不稳定，造成亲子关系和师生关系紧张。

3. 情感更深刻

进入青春期后，孩子对理想的追求、人生的探索、知识的渴求、友情的寻觅、热情的释放、才干的显露等日趋迫切，因而情感也日益丰富。但由于受年龄、阅历、财力等方面限制，情感多变而不稳定。

4. 自我认识和自我评价能力初步发展

青春期的孩子在观察和评价身边的人和事的同时，也开始认识和评价自己。比如，他们会站在镜子前打量自己长得怎么样，还会把自己与电影、小说中的主人公进行对比、想象。自我认识和自我评价能力初步发展，开始有意识地保留自己内心世界的秘密。

5. 性意识萌发

随着生理的发展，青春期孩子的性意识开始萌发，常表现为对异性的暂时疏远、渴望了解性知识、对异性产生好感、模仿性的"初恋"等。

总之，在这一阶段，父母要理解孩子在心理和生理上的不平衡，宽容对待他们的烦躁、叛逆和反抗。父母还要和孩子多交心，平等地跟他们对话，而不要摆出高高在上的家长姿态，认为自己一切都是对的。社会在发展，有时候父母还要向自己的孩子学习。父母也不妨学一些相关的心理学知识，这会更有助于清晰地了解和指导孩子的成长。

为什么孩子总和大人对着干

一位 14 岁的孩子在日记中写道：在我面前有一座高山，这是我生活的目标，我看见它，想着它，我要爬上这座山，我要独自攀登到顶峰，我已经在攀登了，正在迈出头几步；越往高处走，我的视野就越宽广，我见到的人就越多，我对他们的了解也就越多，见到我的人也就越多。由于看到这座大山的险峻，我不免感到害怕。我需要年长朋友的帮助，如果我能靠在一个坚强而有智慧的人的肩膀上，我就一定能达到自己的顶峰。可是我又不敢，并且羞于说出这一点。我要使大家都认为，我能独立地、用自己的力量登上顶峰。

青春期的到来，孩子的自我意识迅速发展，有一种强烈追求自主的欲望。他们认为自己已经成熟，长成大人了，有能力独立地处理一些事情。他们在行为活动、思维认识、社会交往等方面，表现出"成人"的模式。在心里，渴望别人把他看作大人，当成朋友，尊重他、理解他；希望父母给予他足够宽松与自由的空间。

第一次诞生的人是用啼哭、叫喊来显示自己："我出生了，请关心我，要为我操心，我是软弱无力的，一刻也不要把我忘记，要保护我，屏息静气地坐在我的摇篮旁边。"

第二次诞生的人则是用完全不同的方法来显示自己："别照看我，别总跟在我的后面，别束缚我的手脚，别用监督与不信任的襁褓把我捆起来，千万别提起有关我孩提时的事儿。我是个独立自主的人，我不要别人搀扶着走路。"

在学习上，青春期的孩子表现为喜欢独立思考，不再满足于书本上现成的结论和老师的讲解，喜欢进行新的探索和尝试。在行为方式上，他们常有成人感，讨厌别人将自己当成孩子看，不愿再接受家长在生活方面的特殊照顾，不喜欢父母干预自己的活动。在评价能力方面，往往过高地评价自己，尤其在犯了错误受到批评时，往往会产生强烈的抵触情绪。

他们要求从大人的约束中解放出来，对婆婆妈妈式的说教及过分关心会产生反感，开始从"听话"向"平等"过渡。他们对待问题，有了自己的观点，有了自己的主见，于是常常会顶撞父母、老师："你说我不好，我还认为你不好呢！"

如果这时父母协调不好亲子之间的关系，或者对孩子一味地挑错，那就会加剧彼此的矛盾。轻则亲子之间冷战，重则孩子离家出走，甚至自杀。

福州仓山某中学初一学生小王和小林，双双离家出走，前者15岁，后者14岁。两个孩子的关系非常好，平常都有些厌学，他们认为自己长大了，可以养活自己了，就总想出去打工，到外面的世界看看。某天上午，他们各自给父母留下字条：我走了，你们不用担心，我自己去赚钱，两年后回来。就这样二人毅然决然离开家门，意欲闯荡社会。

河北邢台市某中学初二学生朋朋，给父母写下诀别书后，离家出走。在诀别书中有这样的文字："爸、妈、姐，当你们看到这张字条时，我已经离开邢台了。你们不必担心，我就是压力太大了，您想想，一个当学生的如果不能在学校里好好读书，那还有什么劲呀！我不是不争气，我也想改，可是没机会了。我现在出去打工，一边打工一边学英语，上学这条路我是不会放弃的。"

以上这样的事例比比皆是。青春期从依附向独立转变，常常表现出激烈的矛盾，孩子竭力想从父母的束缚中解脱出来，与其说是同父母的斗争，还不如说是自己同自己的斗争，其实孩子心中也是痛苦的。

父母应该站在孩子的角度去考虑问题，找出根源，然后总结出一套比较合理的方法，调整自己与孩子之间的关系，以朋友的姿态与孩子交往，避免出现对立情绪。当孩子对你表示不满时，也要有心理准备。孩子并不是专门跟你作对的，他们也有自己不能掌控的情绪，有无法解脱的困惑。

在孩子开始具有独立意识的时候，家长不必因为自己的权威受到了挑战而打压孩子。家长可以以欣喜的目光关注孩子的成长，通过恰当的引领和指导，陪伴孩子共同成长。不过有相当一部分家长在与孩子相处时很难把握合适的尺度，这时就有必要寻求专业心理咨询师的帮助。

父母平时应该做到以下几方面。

理解、信任、尊重孩子的独立性和成人感。

与孩子平等、民主地相处。

善于和乐于使孩子接受自己的意见。

有意识地培养孩子的"自立"生活。

采取耐心说服、疏导的方法对待孩子的反抗性。

为什么在孩子眼里,朋友比父母更重要

10～16岁的孩子正处于青春期,他们的交际范围也慢慢发生了变化,从家庭转向社会,从与父母交往转为与朋友交往。这种转变有时候会让父母觉得,孩子过于重视朋友,甚至把朋友看得比父母都重要。果真是这样吗?我们不妨先看一个案例。

> 晓莉是一名初一学生,一直比较乖巧听话,学习成绩也不错。可是上初中后,父母发现她越来越不听话了,主意多得很,好像故意跟父母对着干似的,而且非常倔强,不肯认错和服输。
>
> 有一次,晓莉的一位同学过生日,邀请了几个要好的同学去KTV唱歌,晓莉自然在列。晓莉的父母得知这一情况,说什么也不让晓莉去。理由很简单,他们认为初中生不应该去KTV,去KTV的学生不是好学生。由此,他们断定那几位学生不求上进。
>
> 晓莉认为父母对同学有偏见,说父母"老土",坚持要去参加同学的生日聚会。父母见女儿不听劝告,也非常生气,就威胁女儿

说:"你可以去,不过,去了就别回来,我们没你这样的女儿。"

没想到,晓莉竟然说:"我就去,我再也不想见到你们。"说完,晓莉头也不回地走了。而且那天晚上,她真的没有回来,这把她的父母急得团团转。第二天,他们去学校找到晓莉,才知道那天晚上晓莉去同学家借宿了。

这件事让父母感到害怕,孩子竟会如此强硬地与他们对抗。同时父母也感到失望,孩子居然为了参加同学聚会而不顾父母的感受,难道在孩子眼中,朋友比父母都重要吗?

晓莉真的把朋友看得比父母重要吗?事实上,单从这个案例,并不能看出这一点。那么,晓莉为什么置父母的感受于不顾,硬要去KTV参加同学的生日聚会呢?其实,这里面有很大一部分原因在于父母,他们用错误的教育方式激怒了晓莉,导致晓莉在极度逆反的情绪下,才做出了去参加同学聚会且夜不归宿的举动。

当然,不可否认的是,晓莉是非常重视友谊的。这对于青春期的孩子来说,是再正常不过的事情。作为父母,应该为孩子积极交友、重视友谊而感到高兴,这说明孩子在成长中意识到交友的重要性,对人际交往有了强烈的心理需求。

青春期的孩子爱交友,这是人的一种社会本能。在交友过程中,孩子往往有以下三种交友心理,这也直接决定了他们选择朋友的方式。

1. 怀旧型交友心理

拥有这种交友心理的孩子大多感情细腻,性格比较内向。他们喜欢与老同学交往,这样可以减少陌生环境带来的冲击,让他们获得更多的安全感。在操场上、走廊里,经常凑在一起聊天的同学,大多是从同一个学校考入的学生,他们有许多共同的话题,能从聊天中获得轻松感。

2. 投合型交友心理

拥有这种交友心理的孩子，大多性情豪爽，性格比较外向。他们喜欢结交新朋友，他们选择的交友对象往往是有共同兴趣的。通过与新朋友交往，他们能获得更多的支持，树立全新的形象。他们的交友目标是探寻自我与获得理解。

3. 互助型交友心理

具备这种交友心理的孩子大多理智、成熟、稳重，他们对学业长进的期待表现得很明显。在交友的时候，他们会理智地分析朋友的优劣，遇到可以互相促进的同学，便会形成较为稳定的朋友关系。

以上三种交友心理没有孰优孰劣之分，父母没必要强迫孩子改变交友方式。因为这与孩子的性格相符，只要孩子能从交友中获得心理上的满足就可以了。但是，无论孩子出于哪种交友心理，父母都应该教孩子注意以下三个交友原则。

1. 交友要符合利益共享的原则

许多孩子对朋友十分信任，为了表示相互之间的亲密，往往在物品使用、金钱花费等方面不分彼此。但是，随着时间的推移，彼此间的感情会慢慢淡化，开始计较彼此的利益。如果某一方付出的较多，就会感到心理不平衡，一旦计较起来就容易伤害朋友之间的感情。因此，父母最好告诉孩子：交朋友时从一开始就要公平交往，利益共享。

2. 交友要符合开放共融的原则

有些孩子为了表示与朋友的亲密感情，会有意无意地排斥与其他同学交往，从而形成一个交往的小圈子。其实，这种小圈子对于维护友谊并不会起到太大的作用，因为真正的朋友感情是发自内心的，并不会因为与其他人交往而冲淡这种感情。相反，这种小圈子还会导致孩子与更多的朋友分隔开来，限制了孩子交友的范围。因此，父母应该提醒孩子：要坚持开放共融的交友原则，结交新朋友，不忘老朋友。

3. 交友要符合相互促进的原则

青春期的交友是孩子校园生活的重要组成部分，在交友过程中，孩子的交际能力、沟通能力、理解能力等都能得到锻炼。父母应该告诉孩子，在交友中，应该本着相互促进的原则，积极从朋友身上学习优点和长处，同时，也要乐于分享自己的成功经验，力求与朋友共同进步。

在青春期的孩子面前，父母很容易成为尴尬的人

青春期的孩子在拷问自己的同时也对父母有了重新的审视。

"我女儿12岁了，越来越嫌弃我和她爸爸了，都不愿意正眼看我们。"

"我儿子每天和我说得最多的就是：'说了你也不懂……你老土啦……这是最新的网络用语，你当然不知道……'瞧他那语气和神态，简直把我们当白痴一样，真的没法儿管了！"

"现在送孩子上学都不能送到校门口，每次都要我在临近校门的转弯的路口停车，然后自己走过去。我要是出现在他同学面前，估计他就敢当面和我翻脸。唉，我就这么给他丢人吗？"

不知不觉，曾经无所不能的父母竟成了青春期孩子面前最尴尬的人，孩子以父母为榜样的态度不再继续，开始把目光集中于父母的缺点；对父母的依赖减少了，反抗情绪却增加了。心理学研究表明：一个人在10岁以前都

很崇拜父母，这时的父母是孩子眼中的英雄；大约从青春期开始，他们会在心理上逐步对父母产生抵触情绪，甚至瞧不起父母；20～30岁时，又开始对父母有所理解；30～40岁时懂得了爱；40岁以后才体会到"常回家看看"的真谛。所以，青春期孩子对父母的抵触情绪不难理解，因为他们正处在一个从崇拜父母到"瞧不起"父母的阶段。

那么，到底是什么原因让原本融洽的亲子关系变得异常尴尬呢？

1. 成长的需求和呵护的欲望之间产生了冲突

跟在孩子后面收拾东西、当着外人的面叫孩子昵称、刻意地和孩子的朋友打成一片……很多时候，是父母的过分呵护让自己置身于一个尴尬的境地。一边是顺应自然生长规律而呼喊着"我要长大"的孩子，一边是顺应内心的爱意认为"你还小"的父母，双方都有自己的理由，僵持不下，自然会产生矛盾。这是一个需要时间去适应的问题，是不能被跳跃的。

2. 父母角色定位的偏差也是不可回避的原因之一

受传统文化的影响，我国的父母大多将养育孩子作为自己的终身目标，全方位地介入孩子的生活，不惜一切，有些父母甚至没有什么自我可言。孩子小的时候还好，可是，一旦进入青春期，随着"自我"意识的觉醒，渴望与众不同、渴望活出自我的孩子在父母身上找不到一点儿欣赏、认同以及榜样的力量，自然会嫌弃父母。这就解释了为什么很多青春期的孩子会把个性鲜明，甚至略显奇怪的人看成偶像，也不愿意把父母当成英雄。

3. 家庭氛围等同样会影响孩子对父母的认同感

如果家庭气氛不和谐，夫妻双方争吵不断，孩子自然难以从父母身上学到尊重。另外，父母分工不均，或者任何一方的缺席也会让孩子的认知产生偏差。如，父亲因为工作等原因常常缺席，没有和孩子建立亲密感，那么孩子在叛逆期时忽视父亲的感受也实属必然。

4. 时代、文化等客观条件会引发亲子矛盾

提到亲子问题，很多人都会说起"代沟"。的确，主观矛盾会受到客观条件的影响，亲子两代人的成长背景、社会阅历、所受的教育、所处的社会地位以及所担负的责任都大不相同，看问题时的价值观自然会有所偏差，很难一致。再加上网络的飞速发展，孩子喜欢使用生动的网络语言来表达情绪，如果父母跟不上孩子的节奏，孩子说东你却指西，那尴尬自然是无法避免的。

那怎么做才能避免这种尴尬的处境呢？不妨参考下面这个家庭的做法。

身边的同龄朋友都很羡慕秦涛妈妈，说她有一个善解人意的好儿子，不像身边的其他妈妈，总会成为孩子嫌弃的对象；总是敢怒而不敢言；总是为如何和青春期的孩子相处而烦恼。其实，秦涛妈妈知道，儿子并没有朋友口中说的那般懂事，自己也没有为人称道的睿智。如今的友好是一点点磨合出来的，几乎都仰仗和儿子一起制定的"和平共处五大原则"。

1. 互相尊重对方的生活空间和爱好

在没有允许的情况下，决不能进入对方的私人空间，更不能翻看对方的私密物品，试图揣测对方意图。这一点是秦涛提出来的，为的就是从源头上断绝妈妈对自己小心思的好奇。另外，爸妈不能对秦涛的爱好进行评价，说一些"这都是什么玩意儿"之类的话，可以不理解，但要接受事实的存在。

2. 不主动挑起矛盾，否则要接受惩罚

以前秦涛和父母有矛盾的时候，双方都压制不住怒火，结果常常是两败俱伤。现在，在这条原则的指引下，母子俩都不愿意成为矛盾的"始作俑者"，继而面面相觑，等待对方露出马脚，结果常常是母子俩在眼神的你来我往中，一笑泯恩仇。

3. 不干涉对方的生活习惯、表达习惯

这一条原则来自妈妈的强烈要求，妈妈对秦涛说："我和你爸都已经是中年人了，自然跟不上你们年轻人的节奏，所以你不能要求我们去学习你的

生活习惯、表达习惯。并且，在我们因为无知闹笑话的时候，要给我们台阶下。毕竟你也是从无知走过来的。"

4. 家庭成员人人平等，决不按资排辈

坚决杜绝"我是你妈，吃的盐比你吃的米都多""我是孩子，你就要包容我"之类的表达方式，人人平等，不能恃宠而骄，也不能倚老卖老。

5. 相亲相爱，和平共处

任何时候都要记住对方是自己最亲密的人，不能故意说伤害对方的话。

正是在这样的"和平共处五项原则"下，秦涛和父母的紧张关系逐渐消弭，取而代之的是双方如"朋友"般亲密无间的亲子关系。

成长不是一蹴而就的事，即使父母祈求时光飞逝，也只能是一场黄粱美梦。养育孩子是伴随一生的责任，纵然心中有几多无奈、几多忧愁，父母也不能放弃，仍要尊重孩子的成长规律，以孩子为中心，用心去陪伴、去磨合，尽量化解尴尬，帮助孩子走好青春旅途。

父母的爱，要说出来

在传统的中国家庭中，很多父母给予孩子的爱往往是深沉的、默默的，所谓"大爱无言"。父母羞于向孩子表达自己的感情，因为他们的父母也正是这样教育他们的。

而西方家庭则不同，他们经常互相亲吻对方，母亲会给早晨即将上学的孩子一个亲吻，然后说："我爱你。"

这不仅仅是两种文化的差异，也是父母与孩子沟通方式的异同。我们提倡父母对孩子的爱，一定要对孩子说出来，让孩子真真切切地明白自己是被父母疼爱着的，因为被父母关爱的孩子才是最有自信的。

曾经有一个小孩儿，当他看到电视机上外国的爸爸妈妈对他们的孩子说"我爱你"后，就很高兴地转身对自己的爸爸妈妈说："我爱你！"他觉得"爱"是个很美好的词，让他的心里很暖。

而孩子的爸爸妈妈马上脸红了，立刻斥责说："别说什么爱不爱的，你这么小，知道什么叫爱吗？别瞎说！"

孩子立刻惊恐了，认为对父母说"爱"是不对的，而他的爸爸妈妈也从来不曾说过"爱"这个字。

后来孩子长大了，变成一个沉默的少年。父母每天都是问他"学习了没？""考得怎么样？""饿不饿？""冷不冷？"却从来不说"爱"。

他不知道父母对自己究竟是什么感情。或许是爱吧，但是他并不确定。上课时，老师总是教育学生要爱自己的父母，有一次他终于忍不住了，向老师提问："人们总说要让我们去爱父母，但是父母爱我们吗？我们怎么知道父母爱不爱我们？"

老师很诧异，她说："天下没有不爱自己孩子的父母。"

少年反驳道："既然是爱，就要让孩子知道。与其让孩子猜疑，为什么要吝啬只要三个字就能表达出来的感情呢？我认为社会不仅仅要提倡让孩子爱父母，也应该让所有的父母都向孩子表达自己的爱。"

老师悄悄给少年的父母打电话告诉这一切，第二天他回家的时候，父母依旧若无其事地忙手上的活，但是他在自己卧室的书桌上看到一张字条，写着：我们爱你。落款是爸爸妈妈。

爱对于孩子的重要性，不亚于菜需要盐。爱是生活最重要的调味剂，也是维系家庭关系的纽带。

所以，父母不要吝啬这个看似简单的"爱"字，如果你把它说出口，也许会有不一样的生活，和一个不一样的孩子在等待着你。

表达爱的方式有很多种，下面向父母介绍几种方式。

1. 字条、书信

如果是过于羞涩的父母，可以用文字来表达自己对孩子的爱，这样既能让孩子明白，也避免了父母的尴尬。

2. 间接传情

当看到一本写父爱或母爱的书，或者一部电视剧、电影的时候，可以介绍给孩子看，并说："这书写得很好，感情真挚，我感同身受，因为我也是这样对你的。"这样孩子就会从作品中领悟父母对自己的感情。

3. 情景发挥

当你们一起观看电影的时候，可以向孩子倾诉衷肠。比如，当你与孩子一起观赏《银河补习班》，影片中的爸爸因一次意外事故而入狱，让他遗憾地错过了儿子七年的成长时光。他用自己独特的教育方法和满满的爱给予儿子自由成长的空间，教会儿子独立思考的能力和面对困难的勇气。你可以跟孩子说："我很理解这个父亲，他真的很爱自己的孩子，我也一样。"

总之，爱不光是父母默默地为孩子奉献，还是一种需要表达的感情。让孩子懂得父母的爱，那么他也将更爱自己的父母。在孩子的叛逆期，如果他生活在一个爱意浓浓的家庭中，会是一件非常幸福的事，而你也会发现，孩子的叛逆期，已经悄无声息地度过了。

青春期的孩子，离不开父母的陪伴

进入青春期的孩子都有这样一种体验：觉得自己是大人了，于是总想一夜之间成熟起来；父母的关心变成了唠叨，老师在自己的心中似乎也失去了往日的威信；就连平时挺要好的同学，现在也不是那么亲密无间、无话不谈了，自己一肚子的心事，不知道该和谁聊。

这种孤独感也是青少年自我意识发展的一种表现。孩子一方面自认为已经长大成人了，竭力想摆脱父母的管教，不愿意再被当作小孩，希望别人尊重、理解他们；另一方面，由于独立生活的能力还较差，又十分眷恋、依赖父母。

孩子与人交往、社会化的需求进一步增强了，而需要的性质也有所变化。他们希望被理解、被尊重，心理活动开始指向自己的内心变化，有了秘密，自我交谈的时间有所增加，与人交往时变得不那么坦率了，即便是对亲近的人也有所保留。他们不仅难以与长辈沟通，在同龄伙伴之间也不容易找到真正"心心相印"的知音，因而常常感到不被人理解，在心理上容易产生不同程度的孤独感。

而现在的生活环境和社会环境也是造成孩子容易孤独的重要原因。在学校，大家都忙着学习、考试；放学了，又都匆匆忙忙地回家；回家了就关上门，因为邻居基本都不熟悉；所以很多时候是孩子自己一个人待着，接触社会的机会少之又少。

所以作为父母，不能仅停留在给孩子提供物质上的帮助，更应该关注孩子的心理和精神世界。无论平时工作多忙，都应该抽空陪陪孩子，听听孩子的心里话，哪怕孩子不愿意说，也要多给他一些关心，这对孩子来说是最大的安慰，他会因为感受到父母对自己的关怀和爱，而不至于陷入孤独的泥淖之中。如果孩子长时间孤独，可能会造成性格上的缺陷，甚至患上抑郁症，那样将得不偿失，父母即使赚再多的钱也无法弥补孩子成长过程中的缺憾。

青春期孩子"抗风险能力"差，所以父母要给予他们特别的关爱。在此，还要注意对孩子进行以下方面的引导。

1. 培养孩子的自立能力

不管父母有多么爱孩子，也不管家庭条件有多么优越，父母切忌事事包办。

> 小帅上六年级了，小时候妈妈对他娇生惯养，所以养成了他懒惰、依赖性强的毛病。每天早晨，连自己要穿的衣服还要妈妈帮忙找，这样下去怎么能行呢？
>
> 在郑重地与儿子商谈过后，小帅的妈妈要求他以后自己的事情自己做，比如，自己收拾房间、洗衣服、刷鞋子等。
>
> 刚开始小帅有些不情愿，但经历了一段时间后，他慢慢习惯了。而妈妈也发现儿子的自立能力越来越强了。

只有让孩子学会自己的事情自己做，甚至有意让孩子碰碰钉子，尝尝苦头，才能磨炼他们的意志力，帮助他们走出过分依赖父母的困境。

2. 引导孩子正确地交朋友，但不要过多干涉

父母往往会有一些自己的交友习惯，所以也特别希望孩子能按照自己的思路去交朋友。但是这样的一意孤行对孩子的伤害是很大的。可能父母是出于好心，担心孩子在朋友身上学一些坏习惯，但是在和孩子说出你的顾虑时，一定要持"软"态度。听一听孩子说的，看看有没有道理。比如，问问孩子在这个朋友身上学到的东西，是不是有父母看不到的益处。

青春期孩子的是非观已经很强了，父母可以点到为止，大部分的孩子都能自己觉悟，如果每天都在他们面前说这些，很容易让孩子更加烦恼，导致亲子之间关系矛盾重重。

3. 不要直接否定孩子的朋友

进入青春期的孩子开始注重结交朋友，而做父母的往往很担心孩子交上坏朋友，尤其是发现自己的孩子交了成绩糟糕、有不良习惯的朋友时，就很可能阻挠孩子与之交往。这个时候，父母否定孩子的朋友，说对方这不好那不好，是很常见的现象。

> 宏辉最近经常和赵强、刘虎在一起玩儿，每次回到家，浑身上下都是脏兮兮的。妈妈问宏辉干什么去了，宏辉总是说："我和赵强、刘虎踢球去了。"妈妈见过赵强、刘虎，他们的个头都比宏辉高大，而且言行有点儿粗鲁，她担心宏辉在踢球中受伤，就劝宏辉："不要整天就知道踢球，你马上就要上初三了，应该以学习为主。还有啊，不要整天和赵强、刘虎玩儿，据我所知，他们的成绩不怎么样，你小心被他们带坏了！"
>
> 宏辉听妈妈这么说自己的朋友，有些不高兴了，反问道："踢球有什么不好的？我知道在踢球的时候保护自己，还有，你别说我的朋友，我们的关系很好，我不会被他们带坏的。"
>
> 妈妈不罢休，多次劝说宏辉不要与赵强和刘虎交往，不但没有效果，还激起了宏辉的逆反情绪，宏辉连续几天不愿意跟妈妈说话。

当孩子有了新的朋友，一般会愿意主动和父母聊聊，比如，"我今天新认识了一个朋友""他哪方面比较强，但是哪方面就比较讨厌"等。这时候父母就要抓住机会，帮孩子分析，帮他更好地认识到朋友对自身的影响。

第二章

做好青春期孩子的父母，是门高深的学问
——走进孩子的内心世界，进行心与心的对话

青春期的世界并不全是布满地雷的"禁入区"，恰恰相反，青春期的孩子从内心渴望着被理解、被关注、被爱护。当然，敏感的青春期孩子也不会让父母轻易进入自己的内心，毕竟这里藏着他们的小秘密。

父母要想走进青春期孩子的内心世界，就要读懂他们的心理变化，绕过那些青涩的小秘密，这样你才能与青春期的孩子建立心灵上的沟通。

千万不要和青春期孩子较劲

青春期的孩子爱跟妈妈"对着干",人到中年的妈妈也爱跟孩子"较劲",双方各执己见、不肯让步,都试图把自己的意见强加给对方,试图改变别人,结果往往是两败俱伤。

陈海特别喜欢踢足球,从小学开始就参加了足球队,现在作为高中生的他已经是学校足球队的骨干力量了。但陈海妈妈对儿子踢足球这件事颇有微词,认为这是不务正业、影响学习的事情。为了将儿子拉回"正常"轨道,妈妈自作主张为陈海报了一学期的数学辅导班。

"妈,周六下午我不能去上辅导班,我们要训练。"陈海对妈妈的决定很不满。

"这可由不得你,这个家我说了算,再说钱我都交了,你不想去也得去!"妈妈回答道。

陈海认为妈妈成心和自己过不去,于是提高了嗓门儿说:"这是我自己的生活,我爱去不去,你管不着,腿长在我自己身上,难不成你还把我捆起来?"

妈妈不慌不忙地说:"那倒不能,但我可以给你的足球教练打电话,就说我和你爸认为踢足球影响学习,希望他能重视我们的意见,你觉得他会听谁的呢?"

"随你便！但辅导班我肯定不去。"陈海愤愤地说。

妈妈不屑地说："那你就试试看，你要是敢不去，我立马给教练打电话。"

母子大战愈演愈烈，最后还是爸爸出面才让双方冷静下来。

这样的场景对于家有青春期孩子的家庭来说再平常不过，面对正处在叛逆期、事事不顺父母心意的孩子，妈妈常会"执着"地维护自己的绝对权威，试图通过打压孩子的爱好甚至打击其自信的方式来让其屈服，与其说是管教，还不如说是故意和孩子较劲。

"每个叛逆孩子的背后，都有个不肯长大的父母。"孩子身上总会留有父母的影子和教育痕迹，一个经常顶撞父母的孩子背后很可能有一对喜欢较劲的父母。想让叛逆的孩子文静有礼，作为家庭教育的掌舵人，父母可不能跟着孩子一起"叛逆"。

1. 父母要尊重青春期孩子的喜好

最近，丹丹妈妈有些担忧，因为女儿越来越臭美，而且穿着打扮也过于"新潮"，每天早上挑选、搭配衣服至少花掉半小时，有时连早饭都来不及吃。虽然丹丹的学习成绩一如既往的好，但妈妈还是不能接受她的变化，总是怀念曾经那个简单、朴素的丹丹。

"就不能穿得正常一点儿""喜欢的都是些什么人啊，看起来不男不女的""就不能像别人一样，学点儿正经的东西"，从文体活动到穿着打扮，有多少孩子的喜好在父母看来是不得体的，甚至是与自己的身份、环境格格不入的，而亲子关系也会因此剑拔弩张。

我们不禁要问：孩子的喜好真的很奇怪吗？

当然不是。除了在校学习期间，青春期的孩子到底该穿什么、该喜欢什么并没有统一的标准，父母不必刻意用成人的眼光去审视孩子。另外，今时不同往日，相比于父母这一代人，现在孩子的个性和兴趣都有了较大的选择自由度和较充分的发展空间，只要不是过于怪异或者低俗就应该被尊重。即使父母认为有必要更正，也要先听听孩子的意见，不能武断地替孩子做主。

2. 父母不要对同一错误旧调重弹

避免"较劲"还要做到另一点，就是父母不要对孩子的同一个错误旧调重弹。

小雨是个性格内向的女生，看漫画书成瘾，学习成绩一塌糊涂。为此妈妈经常指责她说："要不是看漫画书，学习成绩能这么差吗？"家长会后，班主任老师特地把小雨妈妈留下，语重心长地说："小雨妈妈，眼看孩子就要中考了，要多花点儿心思在学习上。"小雨妈妈听后既尴尬又愤怒，当即表示："回家之后我就把她的漫画书都扔掉。"老师连忙劝说道："千万别，青春期的孩子很讨厌家长旧调重弹，您不妨这样……"

回到家后，妈妈一反常态，不但没有指责小雨看漫画书的问题，反而给了小雨三个"惊喜"：第一，妈妈从学校回来后表现得很高兴，这可是破天荒的头一回；第二，妈妈表扬小雨爱看书，很文静，和同学的关系很融洽；第三，妈妈没有说小雨的学习成绩差，而是说："学习方面尽力就好，要是没有的话就再加把劲。"本来已经准备好接受暴风雨洗礼的小雨被这三个"惊喜"大大地触动，经过一夜的思考，她把一箱子漫画书锁起来，慢慢地把心思转移到学习上，上课认真听讲，中考的时候成绩也有了不小的进步。

父母与孩子"较劲"是一件费力不讨好的事情，既伤和气，又不能解决问题。与其总是揪住孩子的"小辫子"不放，妈妈们不妨尝试一下小雨妈妈的做法，试着换一个思路去发现孩子的优点，给予表扬、鼓励、欣赏，给孩子一个积极的自我定位，再引导孩子做出改变。尽量不要旧调重弹，反反复复指责孩子的问题，这样只会将孩子越推越远。心远了，再教育就更难了。

"狂飙期"，孩子到底想要什么

这个问题总是让家长们捉摸不透，甚至有不同程度的惶恐。看看现在的孩子，可以说是整个家庭的核心，家长对孩子的要求简直是"唯命是从"。从吃的、穿的到用的、玩的，父母都是尽自己最大的努力满足孩子。父母以为这样，孩子就会满足，就会幸福。

可是，随着孩子慢慢地长大，父母们却无奈地发现，孩子并没有按照自己预期的方向发展。虽然他们对孩子百依百顺，孩子却对自己有诸多不满意。有的父母还因为对孩子过分呵护，反而惹得孩子对自己反感。

有一个家庭，男孩8岁的时候，爸爸在一场车祸中不幸失去了生命。妈妈靠经营一个小超市，苦苦支撑着这个家。为了儿子，妈妈没有选择再婚，就这样母子俩相依为命。

生活中，妈妈总觉得儿子没有爸爸很可怜，因此，儿子有什么要求，她都会尽量满足。妈妈心想：这样可以补偿一下缺失父爱的儿子。在这种迁就与溺爱中，男孩慢慢长大，并以优秀的成绩进入初中。

儿子进入初中后，妈妈仍然尽力满足儿子的要求，儿子要什么

就给什么。很快，儿子就变得为所欲为，经常逃学旷课，到网吧上网、打游戏。

为了不让儿子去网吧，妈妈特意给儿子买了一台电脑。可儿子在家依然沉迷于网络游戏，而且越来越不听妈妈的话。每当妈妈教育他时，他就对妈妈大吼大叫，甚至摔东西，这让妈妈伤透了心。

苏联教育家马卡连柯曾说过："人们常说，我是母亲，我是父亲，一切都让给孩子，为他牺牲一切，甚至牺牲自己的幸福，这恐怕是父母送给孩子最可怕的礼物了。这种可怕的礼物可以这样来比方：如果你想毒死你的孩子，你就给他吃一剂足量的你个人的幸福，这样他就可以被毒死。"这段话一针见血地道出"惯子如杀子"的道理。不过，这也让父母们无法明白其中的缘由，不得不发出这样的疑问："现在的孩子，到底想要什么？"

下面我们就来帮父母解开这个谜团，看看青春期的孩子真正想要的是什么。

1. 正确和适当的物质需求

如果一个女孩，初一时拒绝穿裙子，一两年后，她又坚决要买很多条裙子，你不用感到奇怪，这是孩子正在从长大走向成熟的表现，而往往这时候，孩子们会在家长面前很不听话。再比如，男孩今天想要一双名牌鞋；跟着别人学会吸烟、喝酒；女孩学会化妆、染发，书包上挂满了明星图片，并且开始要求物质上的支配权等，这些其实都是孩子们想通过这些仪式，向成年人看齐，在小群体里标榜自己、显示自己。而大人们往往却认为他们这是在攀比、逞强。

所以，我们的建议是，既不能让孩子的物质需求膨胀，也不能"苛刻"要求孩子。那么，具体该怎么做呢？

要判断孩子的需求是否正常，一般要从两个方面来看：第一是相较于同班同学消费的平均水平或者中下水平。另一个就是要看家里的经济状况：如果经济状况中等或比较好，应该让孩子的生活水平稍低一些；如果经济状况不太好，那么建议你千万不要采取让孩子去享受高消费这种"死要面子活受罪"的做法，因为这样不但不能让孩子自信起来，反而容易使孩子忽视家庭的经济能力而爱慕虚荣。

最后，提醒父母要把握好最重要的一点，无论是拒绝还是接受孩子的要求，都要给孩子一个合理的说法。父母满足孩子的需求是因为什么；拒绝满足孩子的需求又是因为什么。让孩子明白这些，才能更好地和父母坦诚交流。

2. 对朋友的交往需求

父母要明白，青春期之前，孩子往往依赖家长，但是一旦进入青春期后，就开始将自己的情感"转移"到朋友身上，最后，固定在异性身上，成家立业，进入一个新的循环。这是孩子成长的必经之路，是父母没有办法改变的过程。

所以，这时候的孩子开始交朋友，和同学一起去逛街、去网吧，留在学校打篮球，甚至结伙去打架，回到家后却丝毫不在乎家长的脸色，即使招来打骂也依然如此。是什么力量让孩子们坚持己见呢？这就是孩子对朋友的心理需求问题。

青春期的孩子视野变宽了，再也不是家、学校两点连成一线的行为方式，他们会出现在自己从来没有去过的地方，会遇到从来没有遇到的问题。这时，朋友是最直接的帮助者，可以取代家长的支持和帮助。

所以，建议家长支持孩子交友，但是要提出一些具体而简单的底线要求。比如，带你做坏事的人不能做朋友，很自私的人不能做朋友，然后再说出一些理由，说服孩子。

那么，如何更好地了解孩子的朋友呢？

举个常见的例子，现在的孩子喜欢生日聚会。这时，家长可以为他们开启方便之门，做一桌的饭菜，买好适量的饮料，让孩子自己邀请好伙伴到家里来。这样一来，聚会的时间可以控制，孩子的好伙伴都有谁也能一目了然，何乐而不为？

另外，孩子们往往认为友谊是永恒的，父母要告诉孩子不一定是这样。朋友之间的关系时常会发生变化，朋友也有可能会因为各种矛盾发生冲突与摩擦，父母要提醒孩子有心理准备。总之，父母首先要成为孩子需要的朋友，然后再去指导孩子交友。

3. 对异性关注的需求

进入青春期的孩子开始悄悄地关注异性。比如，女孩关注帅气高大的男孩，男孩也会注意漂亮的女孩，偶尔也会在一起用调侃的方式谈论某些女孩。其实，这只是孩子们走出家庭圈子、步入社会、认识异性的最初阶段。

而随着时间的推移，孩子们越来越明白自己喜欢什么样的异性，希望去接近他或她。最开始的形式可以是打打闹闹，还可以是以班级活动为主题的工作式交流，很多孩子可以通过这样简单的交流，达到对异性的了解。大多数的孩子知道这不是什么爱情，只是同学交往。他们认为自己憧憬的美好爱情还没有来临，所以，更多人选择了等待，等待自己长大。

4. 获得帮助的需求

孩子进入青春期后，需要他们独立处理问题的时候越来越多，遇到的事情越来越复杂。初出茅庐的他们，面对未知的世界，充满疑问和恐惧，孩子希望自己身边有保镖，有"百事通"，有"机器猫"……

但是，这一切都没有的时候，如果遇到问题，该怎么办？

比如，孩子和最好的朋友闹矛盾后，该怎样来面对和处理？如何提高成绩呢？什么是人生观？什么是幸福？孩子所希望的幸福去哪里寻找……孩子们诸如此类的困惑，希望有人帮助他们答疑解惑，这时他们需要父母的帮助。

青春期的孩子需要的帮助是方方面面的，从物质上的满足到精神上的引领，他们都需要。这样，孩子才能逐步摆脱幼稚，真正走出充满幻想、无拘束、无责任、无忧虑、超现实的少年时期，平稳步入青年。

走进孩子的内心世界，进行心与心的对话

美国社会心理学家沙赫特曾做过这样一个实验。

沙赫特以每小时 15 美元的酬金聘请参与者参与一项与世隔绝的实验，在这个与世隔绝的小房间里参与者的生活是完全"自由"和"舒适"的，他们可以随便吃喝玩乐、睡觉，但是屋子里没有纸笔和电话，住在里面的人不能和外界联系，外面的人也不能进入。

实验开始后，几名大学生自告奋勇地报名，在进入小房间之前都信誓旦旦地保证"自己一个人在里面住一星期是完全没有问题的"。但实验开始后的情形却发生了变化，没有一个人睡得安稳、吃得香，更没有人认为里面的环境自由和舒适。最后，没有一个人在里面熬过一星期，最长的忍受了 3 天，一般的 2 天就急躁地敲打墙壁要求将自己"释放出去"，而且出来的人竟然个个神经兮兮、神情木讷，过了好几天才慢慢恢复到原来的样子。

人是最名副其实的社会动物，不仅是一种合群的动物，而且是只有在社会中才能独立的动物。没有谁喜欢做独行侠，更不可能有人能脱离人际关系而健康地存在，但成长是一个潮起潮落的过程，也许某个时候就会被动地陷入一个人离群索居的生活。

青春期是孩子的心理断乳期，这个阶段的孩子会出现"心理闭锁"的现象，表现为遇事不喜欢交流、自我封闭，就像实验中的参与者一样，不同的是我们的孩子是"被动"地陷入一个人的孤岛。心理闭锁的孩子往往会产生不同程度的惆怅感、自卑感及孤独感，不想与他人交流但又常常觉得自己不

被别人理解，觉得自己是茫茫大海上的一叶孤舟。而且，女孩心理闭锁的情况要比男孩多一些，这是由于女孩自我意识的觉醒往往比男孩要早，再加上女孩心思细腻、羞涩感强，这些都会给她们的心理带来多一层的禁锢。

在无法了解孩子心理动向的情况下，父母自然也不能给予适当的帮助和指导。面对这样的情形，父母更应该多一份耐心、多一份精力，走进孩子的内心世界，与之进行心与心的对话。

1. 引导孩子用乐观、积极的心态面对生活

受多种因素影响，有些青春期的孩子在看待某个问题的时候往往将目光集中于不好的一面，进而变得沮丧、自我封闭。所以，让孩子保持乐观心态，微笑面对生活就显得非常重要，一个乐观开朗的孩子不仅身体健康，幸福感更强，也更容易在学业和今后的事业上取得成功。

父母的态度在很大程度上会影响孩子性格的形成，如果父母喜欢以悲观的态度对待生活，孩子看到的自然也是消极的一面；如果父母遇事乐观、积极，能够在困境中看到希望，那么孩子自然也能成长为一个乐观开朗的人。

2. 给予敏感脆弱的孩子更多的关注和爱护

"妈，你知道今天是什么日子吗？"彭博脸色阴沉地问妈妈，没等妈妈开口又继续说："你想不起来也没关系，我再问你一个问题，除了学习成绩之外你还关心我什么？我告诉你吧，今天是我的生日，你一定忙得忘记了吧。"

妈妈听后哑口无言，她以为儿子长大了不会那么敏感了，没想到自己的粗心大意还是伤害了孩子。

有些家庭的孩子大多交给老人或保姆照顾，父母与孩子的交流还不如保姆多，却以整天忙于为孩子创造优越的物质生活条件为借口来解释父母缺失的陪伴。其实，对青春期的孩子来说，最重要的是和父母建立心灵上的交流,这个过程任何人都不能替代,也没有捷径可走。很多孩子的自闭、抑郁大多是由家庭环境引起的,越是敏感的孩子在青春期表现得越是脆弱,他们渴望得到关爱却又表现得很被动,如果父母没能给予这些孩子足够的关注和爱护,他们很可能会在青春期变得自我封闭。

及时调整与孩子的相处方式

法国思想家卢梭说:"为了使一个孩子能够成为明智的人,就必须培养他有自己的看法,而不能要他采取我们的看法。"然而,现实中的很多父母在这方面做得并不好。

李可家里,妈妈是绝对的权威,大事小情全做主,根本不给李可选择的机会。

一天,李可对妈妈说:"妈,我们学校摄影社团纳新,我想去报名。"

妈妈立马说:"不行!你不是舞蹈学得好好的吗?"

李可解释说:"我不想学舞蹈了,想学摄影,感觉摄影很酷。"

"很酷?"李可妈妈一副不可思议的表情,接着说,"你一个女孩不文文静静的,还要扮酷,你分得清好赖吗?摄影穷三代,单反毁一生,你没听说过吗?再说了,学跳舞、学钢琴是我和你爸爸从小就给你规划好的,不是你一句'不想学'就能算了的!"李可不肯放弃,试图解释自己的想法,但还没开口就被妈妈制止道:"我知道你怎么想,妈妈不是故意凶你,你现在还小,等你做妈妈那天就会理解我的苦心。妈妈是过来人,我们这么辛苦付出不都是在为你铺路吗?你说,妈妈还能害你不成?"

李可无奈地点点头,背着书包上学去了。

"这就对了。"妈妈露出了满意的微笑。

短短的几句对话,李可妈妈将一个权威型的妈妈演绎得淋漓尽致,通过对女儿的否定和"规劝",软硬兼施,最终成功"驯服"了女儿。在这个过程中,她不再是一个为生活所累的平凡妈妈,更像是掌握生杀大权的女王,规划着孩子未来几年甚至是几十年的生活走向。

"我是过来人""我吃过的盐比你吃过的饭还多",有些父母试图通过这样的对比来证明孩子在生活阅历方面的匮乏,从而达到约束的目的。有这样一个故事:一群孩子,有穿长袖的、穿薄秋装的、穿短袖的,其中有个小姑娘"鹤立鸡群"——居然在早秋时节穿上了羽绒服!别人问她为什么穿羽绒服时,只见她45度角仰望天空幽幽地说:"有一种冷,叫你妈觉得你冷。"孩子小的时候,需要妈妈的全方位保护才能茁壮成长;但孩子渐渐长大后,则需要靠自己的力量去成长,这是自然界的一条普遍规律。如果父母一味沿袭着一成不变的教养方式怎么会没有矛盾呢?很多从小被父母规划好的孩子,长大后缺乏判断力、缺乏选择的能力,连琐事都安排不好,怎么能在工作和社会生活中独当一面呢?

生活没有彩排,也不可能重来,所以父母要及时调整和孩子相处的方式,千万不能因为"爱"束缚了孩子成长的脚步。聪明的父母要在孩子青春期时完成两个转变。

1. 从教练员到啦啦队——把选择的权利还给孩子

教育是帮助孩子成长的过程,也是父母自我完善的过程。在孩子从少年时代迈入青春阵营的同时,父母也要完成从教练员到啦啦队的身份转变,把选择的权利还给孩子，以帮助孩子从不谙世事走向成熟。

（1）自主权

尽量杜绝使用"应该""必须""一定"等命令性的口头禅，因为青春期的孩子在心里已经认为"自己是一个大人"了，所以很难接受父母像教训小孩子一般的口吻。另外，青春期的孩子渴望自主安排课余时间，所以父母千万不要自作主张，将孩子的时间按自己的意愿排得满满当当，对不合理的地方可以适当地提建议，但不能全盘否定。

（2）发言权

给青春期的孩子充分的发言权，尽量让孩子参与家庭决策，比如搬家、买房、出行计划等，在遇到家庭活动需要商量时，父母不妨叫上孩子一起商量，考虑一下孩子的感受，征求孩子的意见。在这种民主、轻松的家庭氛围中长大的孩子会更加自信，合作意识会更强，和父母的关系也会更加亲近。

2. 从科学家到普通人——修正自己对孩子的主观期望

一位美国先生对自己的中国太太说："以前，我总觉得中国人比我们聪明，现在我才知道，原来中国的父母永远在逼孩子读书，他们的职责是教育出学业最优秀的子女，甚至连孩子的暑假也不放过。美国的父母呢？他们的职责是让孩子享受生活，去做自己喜欢做的事。"的确，很多时候我们给孩子身上加诸太多的主观期望，望子成龙、望女成凤，总希望孩子是出类拔萃的。可是孩子渐渐长大，兴趣爱好和我们的希望往往大相径庭，这个时候我们就不淡定了，试图通过一切手段扭转乾坤，将孩子的想法拉入"正轨"。

但生活是千姿百态的，在起点和终点之间有太多的路，科学家有难以克服的挑战，普通人有为人称道的幸福。电影《弱点》中，迈克和妈妈因为申请哪个大学的橄榄球奖学金而发生分歧，迈克更中意田纳西大学，而妈妈则更倾向于自己的母校密西西比大学，加之外界的干扰，母子俩爆发了激烈的冲突。电影最后，妈妈幡然醒悟，孩子的人生不能活在自己的愿景里。一番交谈之后，母子俩冰释前嫌。以下是母子俩的对话，希望父母们共勉。

妈妈说:"迈克,我觉得你还是去田纳西大学吧,我向你保证每场比赛都会为你加油。"

迈克问:"每一场?"

妈妈回答:"每一场!但我不会穿他们的队服,因为那不是我的风格。"

迈克继续问:"你真的想让我去田纳西大学?"

妈妈回答说:"我想你做自己想做的事,那是你的生活,你得自己做决定。"

迈克故意说:"如果我过得很平庸呢?"

妈妈坚定地说:"那是你的生活,你得自己做决定。"

尊重孩子的选择,才是真正尊重孩子的表现。对于青春期的孩子来说,他们渴望受到认可和肯定,所以父母应该尊重孩子的愿望。但是由于青春期孩子的判断力还不够成熟,所以父母也应当适时给予孩子合理的建议,做到"有界限的爱与自由"。

如何做孩子生命里的第一位良师益友

人的一生中要接受很多老师的指导和无数朋友的帮助,但最早遇到的老师不是别人,正是自己的父母,同时父母也是孩子最亲密的朋友。

爱子女是为人父母的一种自然本能,但怎样爱却大有讲究。同样,做孩子的良师益友是每个父母都知道和赞同的,但应该如何做老师,怎么和孩子交朋友，却依然让很多父母感到困惑。

有些父母十分认同"父母是孩子人生道路上的第一任老师"这个观点，因此处处以老师的姿态和孩子相处，却忽略了做朋友的平等。父母总是像严格的老师一样要求孩子这样做，而不要那样做，应该学这些，而不应该学那些。孩子虽然会因此而学到一些知识或懂得一些道理，少走一些"弯路"，但这些"效果"可能只是表面现象，当孩子真正长大独立面向社会的时候，则还是可能因为缺乏自立能力，成为生活中的"巨婴"。

除此之外，有些父母甚至还会像"管教"一样，事无巨细"管束"孩子。他们虽然自己工作了一天很辛苦，但依然要看着孩子读书写字甚至于穿衣吃饭……而且在"看"的过程中，父母还可能不停地唠叨、教训孩子。最后弄得孩子满肚怨气、缺少自信，自己也很疲惫。

纵观历史上一些有成就的人，他们的父母总是有这样一些共同的特点：

喜欢与自己的孩子一起学习，共同探讨问题；

精力旺盛，耐心细致，不会因孩子把家里搞得又脏又乱而大发脾气，孩子一时做错事，也能容忍宽恕；

孩子从事一些稍具危险性的活动，他们一般能允许，甚至会和孩子一起"尝试"；

他们会风趣地回答孩子提出的问题；

他们会在雨天和孩子一起玩雨，下雪时和孩子一起堆雪人、打雪仗。

……

无一例外，他们都是孩子的朋友。他们都明白一个道理：孩子虽然幼小，但不要以为他们什么都不懂，他们同样有自己的自尊心与想法。

所以，在家里父母应尽量从孩子的角度考虑问题，与孩子多交流，经常听听孩子的心里话，也可以试着在一些事上采纳他的意见，这样孩子的心与父母的心就会更近，感情就会更好，对父母说的话也比较容易接受。

当然，有些父母过于偏重"做孩子的好朋友"这一观点，并且简单地把朋友理解为"玩伴",力求能和孩子玩到一起。他们陪孩子一起游戏,一起玩耍,有些父母还向孩子吐露烦忧,真的像对待朋友一样,却缺少必需的、正确的教导。他们认为只要和孩子平等相处,满足孩子的需求,让孩子开心地玩,孩子就一定能茁壮成长。

但事实上,孩子虽然既开心又平等,却浪费了一些良好的教育时机,有时他们自己在游戏中得到的知识和道理是不完整或不正确的,他们的年龄决定他们本身尚不能做自己的导师,还需要父母的指点和教导。

其实,无论是做朋友,还是做老师,父母都是孩子在这个世界上最值得信赖的人。热爱孩子、教育孩子是父母的天职,父母应该把老师、朋友、亲人这三种角色相融合,教育孩子的时候,不忽视对孩子心灵和情感的关爱,和孩子亲切、平等地相处时不忘记教育的责任。

另外,父母不但要做孩子的良师益友,经常与他沟通,更要做孩子的榜样。比如,要想让孩子养成某种良好的习惯,父母也应该培养这一习惯。通常孩子潜意识里的某些习惯就是从父母那里习得的,所以父母更要对自己的行为负责,给孩子做个好榜样。

父母的一生都在关注孩子的喜怒哀乐,把孩子的一点一滴都记挂在心头。不仅要关心孩子的身体状况、学习成绩等,更要对孩子的心理、思想、品质、个性有足够的了解,并且在孩子的成长过程中能够有意识地帮助孩子改掉缺点,引导孩子修身养性,做到自信自强、脚踏实地、发奋努力,走上健康而快乐的人生之途。父母不仅是孩子生命里的第一位良师益友,更是孩子人生中的良师益友!

五大真相，揭秘青春期孩子的困惑

青春期的孩子，随着大脑及身体各器官的发育成熟，生活体验的加深，不安与好奇心相互交织，心理极不安定，孩子在日常生活中发生一些变化是正常的，这也是青春期心理变化在行动上的体现。对此，父母不必过分注意和担心，特别是对于孩子的某些不切实际的想法和行动不应过分压制。否则，很可能会造成孩子与父母的心理隔阂，加重孩子的心理负担。

一般来说，青春期的孩子会面临以下五大困惑。

1. 若即若离的内心

青春期的孩子渴望与同龄人交流思想、沟通内心体验，排遣日益增长的孤独感。他们内心既充满了各种幻想和憧憬，又会萌发出许多孤独和感伤，并且有自我封闭的倾向。在实际生活中，他们渴望有自己的房间、自己的桌子和柜子，可以存放日记本、信件、相册等私人物品，不喜欢别人特别是父母向自己问这问那，不愿表露自己的内心感受。

但孩子又渴望与人交流，得到父母的关爱。青春期的少年需要与同龄人，特别是与异性、父母平等交往，他们渴望他人和自己一样彼此间敞开心扉，真诚相待。但由于每个人的性格、想法不一，使他们的这种渴求找不到释放的对象，只好诉说在"日记"里。这些日记里写下的心里话，又由于受强烈自尊心的影响，不愿被他人所知道，于是就形成既想让他人了解又害怕被他人了解的矛盾心理。如果这时父母为了了解孩子的内心想法而翻看孩子的日记，往往会引起孩子的反感。

2. 理想和现实的矛盾

所有的孩子都有着对于未来和人生的美好理想，然而随着认识能力的提高，他们也看到了许多不尽如人意的现实。当理想和现实之间产生了较大的差异，在他们的自我意识中就会产生矛盾。有时候，孩子过于理想化的倾向往往是父母教育方式的结果。父母极力让孩子看到生活的积极面，把消极面掩盖起来，一旦孩子自己发现，便会处于困惑之中。有些父母本身存在着追求完美的倾向，凡事有绝对化的要求，这也导致孩子理想和现实的矛盾加剧。

3. 极端的自大隐藏着极端的自卑

进入青春期后，青少年开始像旁观者一样进行自我观察和评价。这种自我评价可能是依据别人对自己的态度，也可能是与自己相似的人做比较而得来，或者完全是内心的自我分析和评价。这些评价具有相当强的主观性和片面性，常常容易发生极端变化。例如，有的孩子只因受到老师的几句批评就萎靡不振，而有的人因为别人不经意的夸奖而得意扬扬。从妄自菲薄到自高自大似乎只有一墙之隔，而较多的时间里处于自负与自卑的内心冲突之中。

4. 独立和依赖的矛盾

上中学以后，孩子们不再像小学时那样遵从老师和父母的指示，天真地接受别人的评价。他们开始意识到，以往自己的许多观念并不是自己的，而是从长辈那里得来的。于是，他们开始探索真正的自我，用自己的眼睛去看世界。这时的孩子很想独立，自己决定自己的事情；孩子觉得自己已经长大了，不愿再和父母一起活动。但是他们很清楚，自己还不能完全独立，还离不开父母的帮助，还缺乏独立于社会的资本和经验。

5. 性的压抑

青春期的少年由于性的发育和成熟，出现了与异性交往的渴求。比如喜欢接近异性，想了解性知识，喜欢在异性面前表现自己，甚至出现朦胧的爱情念头等。但由于学校、父母和社会舆论的约束、限制，使青春期的少年在情感和性的认识上存在着既非常渴求又不好意思表现的压抑的矛盾状态。

青春期的心理就是在这样的矛盾中形成并慢慢趋于成熟的，这是一个自然的过程。父母要注意尊重与信任孩子，多与孩子交流感情，了解他的心理活动，协助孩子把自己的生活安排得充实且有意义。

亲子关系升温的秘密——理解、宽容、表扬

先来看一篇某位妈妈的教子日记。

今天回到家看到儿子时吓我一跳，不知道他什么时候不声不响地把头发染成了黄色，还把新买的牛仔裤挖了几个洞。我上下打量了他一番，惊讶得说不出话，这让我很气愤又很无奈，这装扮，跟小混混有什么区别？！他还是我儿子吗？

而儿子看着惊讶的我轻描淡写地说："没见过吧？看把你惊讶的，不就是改变一下形象嘛。"

当时我恨不得拿起包砸他一顿，可是看着个头比我还高的儿子，又觉得不妥，儿子长大了，有自己的思想了，我再这么打他肯定会造成不好的后果。等我稍微平静了一下告诉他："你这形象是够新潮的，不过妈妈不喜欢。"

"不喜欢拉倒，又不是给你看的。"儿子不屑一顾地说。

"呵呵，那你给谁看的呢？"我觉得应该引导儿子说出他的想法，不禁这样问。

"给我朋友们看的，他们都染了头发，说我不敢染，我这就染给他们看看。"儿子得意地说。

原来如此啊！我松了一口气，接着说："你的勇气可嘉！不过妈妈觉得不一定非要这样做，要是有人说你不敢跳楼，难道你也去跳跳看？我想应该不会的吧？……"

"跟你说不通，真是老土。"还没等我说完，儿子就反驳过来了。

"妈妈承认自己不够时尚不够新潮，不过妈妈也有自己的审美观点啊。你有吗？染这样的头发你觉得自己真正喜欢吗？"我尽量温和地跟儿子说明道理。

这时，儿子没那么快反驳，脸上的表情有点儿不自然，我偷偷看他一眼，心里有点儿窃喜，我了解儿子，他不是那种追风赶潮流的男孩，也不是小混混。

"好了，妈妈要去做饭了。你这头发让妈妈很惊讶，不过妈妈并不欣赏，如果你喜欢，妈妈支持你。"为了给儿子留面子和给他思考的时间，我起身走了。

不过吃饭的时候，他爸爸也被他的头发惊住了，差点儿就发脾气了，我使个眼色给他爸爸。吃过饭后，我告诉儿子："下周日我准备带你去何叔叔那儿，你觉得怎样？"

"啊？真的啊？太棒了！妈妈我爱你！"儿子很兴奋。他一直期待见到何叔叔，因为何叔叔是电视节目主持人，风度气质让儿子很崇拜，也很喜欢他，佩服他。

"所以，你要准备一下啊。"我提醒儿子。

"好嘞！"儿子满口答应着进房间去了。

过了三四天后，我发现不知什么时候儿子已经悄悄地把头发染回黑色了。

读完这位妈妈的日记，我们不禁要赞叹这位妈妈的理智和聪明，也羡慕这个男孩有一位好妈妈。而现实中，我们却常常会看到相反的情景，有很多父母看到孩子另类的打扮就气不打一处来，不是骂就是打。这实在不是明智之举。

进入青春期的孩子，思维日益开阔，情感也在飞速发展，他们在努力追求个性的同时也在寻找着归属感。父母深层次挖掘原因就会发现，孩子之所以热衷染头发、留奇怪发型、穿带洞牛仔裤，都是为了满足他归属感的需求。这一年龄阶段的孩子总是希望自己属于某一同龄人的团体，只有在这些团体中，他才能找到自己的定位。

所以，父母要理解孩子，不要轻易把那些愤怒的情绪表达出来，也不要轻易把那些愤怒的话说出口。任何一次愤怒的争吵都会给双方的心灵留下伤口，即使伤口总有一天会愈合，但最终还是会留下争吵过的痕迹。找到恰当的教育方法，孩子自然就听话了。

即便这一阶段的孩子时常挑战父母的权威，但只要父母能理解、宽容、表扬他们，那么，亲子间的关系就会渐渐升温。

这里，给父母提出几点建议。

1. 多一点儿爱，但不要溺爱

由于性别差异，爸爸对孩子的溺爱与妈妈的溺爱大不相同：爸爸的溺爱会使孩子变得懒惰、邋遢；而妈妈的溺爱却会使孩子变得胆小、不独立、没有责任感。所以，妈妈在关爱孩子的同时，一定要把对孩子理智的爱与溺爱区分开。

2. 创造与孩子进行感情交流的机会

> 肖女士和丈夫平时工作都很忙，但不管怎么忙，每周都会抽出一天时间陪儿子。比如，陪儿子去爬山、看电影、逛街，这一天的时间属于他们一家人的情感交流时间。陪伴期间，他们会跟儿子分享一周的趣事，儿子也会主动和他们分享自己所遇到的趣闻，大家有说有笑，十分幸福。

有人说，青春期是危险期，孩子很容易在青春期变坏。若真如此，那也是父母的失职。试想一下，如果每位父母都能像肖女士和她的丈夫那样，即使工作再忙碌，也不忘抽出时间陪伴孩子，和孩子一起做做事、谈谈心，既加强亲子交流，促进亲子感情，又能了解孩子的思想动态，这样孩子怎么会变坏呢？所以，父母要善于创造与孩子感情交流的机会。比如，跟他一起做家务、一起看电视，与他讨论电视节目或者他喜欢的明星，这都能增加亲子之间的了解和情感。

3. 经常有意识地表扬孩子

青春期孩子的情绪和情感都处于动荡时期，父母的表扬是对他的认同和支持，也是他成长的力量。有很多孩子常常很无奈地说："哎，连爸爸妈妈都不认同我，我感觉好失望啊！"父母是孩子心理的最后支撑，如果没有父母的支持，孩子终将会变得没有信心。而表扬，是父母对待青春期孩子的一大管教方法。

4. 宽容"另类"，尊重"叛逆"

有人说，我们现今的时代不再有大师产生，就是因为我们的社会和教育容不得叛逆，容不得提倡个性和思想。在某个层面讲，"乖"实际上就是因循守旧，循规蹈矩，而"叛逆和另类"实际上是孩子活跃的思想和敢于尝新的外在表现。

心理学研究表明，宽容对心理健康和社会性人格的完善具有积极的作用。所以，父母要明白这个道理，积极对待孩子的一些"离经叛道"的行为，比如，染发、穿带洞牛仔裤等，在尊重孩子的基础上再教育他。

第三章

如何说，
青春期的孩子才会听

进入青春期的孩子们，常常会觉得爸爸妈妈唠叨、多管闲事，因此对父母的教育常常产生逆反心理，其实这主要是父母不知道怎样与孩子沟通造成的。

要想和青春期的孩子有效沟通，父母首先要改变自己的思维习惯和思想认识，把握青春期孩子的心理特点和性格特点，掌握与青春期孩子沟通的技巧和方法，这样做，孩子才会听。

积极倾听，永远都是沟通的第一步

沟通要建立在双方愉悦的基础上才能顺利进行，而积极倾听则是最含蓄的取悦方式。

在一次由纽约出版商举办的晚宴上，卡耐基认识了一位植物学家。在此之前，卡耐基从来没有接触过植物学，完全没有这方面的知识储备，所以没办法跟对方深入交流。但这一次，整个晚上，卡耐基都专心致志地听对方讲树木、讲花卉、讲各种植物学的知识。在卡耐基告辞回家后，植物学家极力向宴会主人称赞说："卡耐基非常善于给人启发，他是我见过最友善的人。"可是，卡耐基几乎整个晚上都没怎么说话，他只专心做了一件事——倾听。

有位哲人说："上帝给我们两只耳朵，却只给我们一个嘴巴，意思是要我们多听少说。"不论对他人还是对孩子，积极倾听永远是沟通的第一步。父母只有用心去倾听，才能打开孩子的心扉。当然，倾听也是有技巧的，父母在倾听孩子时应该注意些什么呢？

1. 不要打断，让孩子把感受表达完整

倾听孩子的时候一定要专心，并用点头、微笑、轻声应答等举动来回应和表达对孩子的关注。父母在倾听的时候一定要注意，不要打断孩子的话。因为对任何人来说，说话被打断都是一件很不舒服的事，都会因此兴致

大减，甚至缄口不言。如果父母打断孩子的话，孩子的想法就不能够得到完整、连贯的表达，由此父母也很难充分地理解孩子，从而给出正确的指导。

2. 用"反应式倾听"回应孩子的感受

周五的晚上，王超打完球后回到家就冲着妈妈大喊："我讨厌篮球教练，他从来都不让我上场。"

"看样子你很生气，是和教练闹矛盾了吗？"妈妈轻声询问。

"只有打得好的才能上场，每次比赛我都坐冷板凳，真是受够了！"说罢，王超把书包扔在地上，一屁股坐到沙发上。

妈妈接着说："你很想和大家一起参加，所以现在很失望，对吧？"

王超回答道："是啊，谁想一直做旁观者啊。"在得到妈妈的认同之后，王超的态度明显缓和了不少。

所谓反应式倾听，是指简明扼要地重复孩子的感受以及造成这种感受的原因，目的是让孩子知道妈妈一直在听他的话，并且理解他的感受。

案例中的这位妈妈，采用的就是反应式的倾听方式：在得知孩子对教练的不满后，她用"看样子你很生气"来重复孩子的感受；在得知孩子对坐冷板凳不满时，她又用"你很想和大家一起参加，所以现在很失望"来表示对孩子的理解。通过与孩子共同分担不愉快的感受，妈妈帮助孩子把所受到的伤害和所承担的压力减弱，同时也使彼此的关系更加紧密。

3. 听懂孩子的弦外之音

马上就到清明节了，小曼想趁着小长假去婺源看油菜花，但又不好意思和妈妈明说。

小曼装作漫不经心的样子对妈妈说："妈妈，后天就是清明假期啦！"

妈妈不以为意地说："我当然知道了，这还用你说！"

小曼有些失望，但又说："3天假期好长，在家待着多没意思啊。"

妈妈一边收拾碗筷一边说："不就比周末多一天，长什么长！"

小曼叹了口气，不想再和妈妈说什么了。

聪明的父母在倾听孩子说话的时候不能仅仅停留在话语的字面意思上，而是要听懂孩子的弦外之音，因为青春期的孩子经常会和小曼一样，采用提醒、试探等方式来表达自己的想法。他们旁敲侧击，目的是想从父母的口中得到符合自己想法的回应。否则，孩子便会隐藏自己的真实想法，然后慢慢地对父母关闭心扉。如果妈妈能在小曼说"在家待着多没意思啊"的时候想想原因，或者询问一下"如何才会觉得有意思"，那小曼肯定会很开心地提出自己的见解。

所以，妈妈们要记住：有效的沟通是心与心的交流，而心与心的交流必然要从积极倾听开始。

父母越唠叨，孩子越逆反

为人父母总是喜欢苦口婆心地"教导"孩子，尤其对于妈妈而言，更是喜欢在孩子耳边"碎碎念"。但是妈妈们可否知道，自己的话重复太多，就像催眠曲，适合哄孩子睡觉，但并不适合灌进孩子的脑袋里。

罗勋从初三开始便从寄宿制学校回到家里居住，为的就是吃好、睡好，养好身体和精力备战中考。可逃离了学校的起床铃之后，罗勋又遇到了家里的"高音喇叭。"

妈妈的"喇叭声"从早到晚不停歇，这可让罗勋的耳朵没少受折磨。一天，吃早饭的时候，罗勋不小心将菜汤洒在了桌布上，结果引来老妈的长篇大论："你怎么这么不小心啊，都这么大了吃饭还会洒，白桌布洒上了菜汤多难洗啊！我看啊，你就是不珍惜粮食、不懂得节约，你知道每年有多少人忍饥挨饿吗？我可要和你好好说说……"在接下来的20分钟里，妈妈从粮食问题讲到人口问题，从中国讲到非洲，最后以罗勋保证"再也不浪费一粒粮食"而告终，罗勋第一次有一种"拜倒在妈妈脚下"的感觉。

还有一次妈妈送罗勋上学，本来时间就有点儿晚，结果妈妈却不肯出门，一遍遍地问："课本装好了吗？早饭吃饱了吗？今天做试卷分析，你带试卷了吗……"总之又是一通猛烈的"口水弹"。

刚开始的时候，罗勋还能自我开导：唠叨也是一种爱；后来干脆"左耳进，右耳出"，"嗯""啊"地敷衍了事；再后来，罗勋开始厌恶妈妈的唠叨，并时不时地顶嘴，甚至还和妈妈吵架。罗勋现在最大的愿望就是妈妈出差，好让自己的耳朵能够得到短暂的安宁。

一个让孩子产生"最大的愿望就是妈妈出差"念头的妈妈，对孩子沟通的技术显然有待提高。有资料显示，约九成以上的孩子认为自己的妈妈"太唠叨"，并对此大倒"苦水"。

五年级的小楠：我妈什么都好，就是爱唠叨。说不准什么时候就会发作，翻来覆去总是那么几句，半小时算是正常发挥，哪天超常发挥，两小时都不是问题。

初二的陈美茹：妈妈对我的学习很重视，什么"学海无涯苦作舟""头悬梁，锥刺股"之类的，我本来还有些决心和抱负，心情也不错，结果被她这么一唠叨，连兴趣也没了。

高一的赵晓亮：我有的时候会上上网，玩会儿游戏，和同学们聊聊天儿放松一下，可老妈整天唠叨，说我有网瘾。为此我经常和她大吵，多少次我都想一走了之，永远离开这个家！

父母可曾知道，唠叨只是言语上机械地重复，缺少积极的情绪和良好方法的传达，违背了孩子的自然学习机制。而且，唠叨很容易引起孩子的反感，将孩子心存的爱意日益消耗掉。虽然大多数时候父母唠叨的出发点都是为孩子好，但这样的事情不能光看出发点，而要看结果。

1. 唠叨会产生以下后果

（1）孩子听觉模糊，进而感觉模糊

很多时候，孩子不是不听话，而是父母翻来覆去重复同样的话，这样容易让孩子产生一种习惯性的听觉模糊——明明在听，却根本听不进去。长此以往，孩子容易感觉模糊。

（2）会引起孩子的逆反情绪

心理学上有一种超限效应，是指刺激过多、过强或作用时间过久，容易引起极不耐烦或逆反的心理现象。

美国作家马克·吐温在听牧师演讲时，最初感觉牧师讲得很好，于是打算捐款；可是10分钟后，牧师还没讲完，他有些不耐烦，决定只捐些零钱；又过了10分钟，牧师还没有讲完，他更加不耐烦了，于是决定不捐了。在牧师终于结束演讲，开始募捐时，过于气愤的马克·吐温不仅分文未捐，还从别人捐钱的盘子里偷走了2美元，这便是心理学上的"超限效应"。

反复说教，不断地给孩子施以相同的刺激，会使孩子失去对父母的敬畏，当父母再次给予孩子相同的刺激时，教育效果便会随之下降，甚至消失。在家庭教育中，父母千万不要相信"重要的事情说三遍"之类的话，唠叨非但不会起到任何作用，反而弊端多多。父母的不断唠叨，往往会引起孩子的逆反心理，结果适得其反。

但是在现实生活中，虽然很多父母也知道唠叨的坏处，但仍旧表示：自己也不愿意唠叨，都是让孩子给逼的，不唠叨不行啊！难道真的是孩子的原因才导致父母迫不得已，出此下策的吗？也不尽然。

心理学研究分析：父母唠叨的主要原因不在孩子身上，而在于父母自身。一般来说，性格软弱和紧张型的妈妈比较容易唠叨，唠叨是不自信的表现，由于对自己不确定、不放心等原因才会一次次重复，妈妈不相信孩子已经听见或者听进去了自己的话，也不相信孩子会照着自己的话去做，所以才会反复地唠叨、确认，从而获得心理上的安慰。

2. 父母希望孩子把事情做好的办法

（1）给孩子提供简洁明了的执行步骤

比如，上文案例中，妈妈在早晨出门前叮嘱罗勋带各种各样的东西，与其反反复复确认，倒不如在出发前用简洁且逻辑清晰的话提醒罗勋："还有30分钟咱们就要出门了，记得准备好上学要带的东西，准备好了就去吃早饭。"

这样的执行步骤会帮助孩子明确目标，并且提供给孩子一个时间维度上的切分与缓冲，让孩子逐渐产生紧迫意识，自觉主动地为自己的事情负责，同时也减少了孩子的抵触情绪。

（2）尽量少用双重否定的表达方式

有些父母喜欢用这样的话来表达情绪："你就不能不那么做？""都说了多少遍了，你不该这么不长记性啊！"教育孩子不是写作文，不需要用双重否定的方式来渲染气氛，要知道双重否定在表示"肯定"的意思之前，向孩子传达的首先是"否定"的意味，这就不可避免地会使孩子在父母歇斯底里的"教训"中，变得火气越来越大。那么如此而言，想让孩子怎么做就怎么说，效果才会更好。很多时候，父母把和孩子之间的沟通变简洁了，教育效果也就好了，矛盾自然也就减少了。

"你不听也得听"
——父母不要总是高高在上地命令孩子

不少父母以为，孩子是自己生的，对孩子发号施令就是天经地义的事情。于是，他们习惯在孩子面前摆架子，动不动就对孩子下命令："不准……""不能……""不行……""不听也要听！"

面对年幼的孩子，父母的命令往往不敢不听，不敢不从。可是随着年龄的增长，当孩子进入青春期，父母的命令就不那么管用了。有时候，孩子非但不听命令，反而故意与父母对着干，这让父母无法接受，于是他们又开始抱怨："孩子大了，翅膀硬了，开始不听话了！"

"不久前，我那刚上初二的儿子在我的要求下，把长发剪短了。但两个月后，他的短发又长长了，他却不肯再剪短。而且，昨天他居然还把一头黑发染黄了。我怎么说他，他都不听，这不是故意惹我生气吗？孩子大了怎么那么难管呢？"家长方先生如此讲述。

其实，并非孩子大了不听话，而是孩子大了，有了强烈的自尊和独立的意识，对父母高高在上的命令十分反感。要知道，孩子也有自尊，也需要维护自己的面子。同时，孩子进入青春期后，由于体内性激素分泌过盛，如果得不到合理宣泄，他们的情绪就会起伏不定。此时若父母强行命令孩子不准这样、不准那样，只会激起他们的逆反情绪。

父母用命令的口吻与孩子沟通，不仅会激起孩子的逆反情绪，还会压制孩子的独立意识。长此以往，容易造成孩子胆小、怯懦、自卑、依赖性强等性格。苏联教育家巴班斯基说过："父母经常用命令的口气对孩子说话，叫孩子做事，会使孩子产生逆反心理，很难收到预期的教育效果。而一直在命令中做事的孩子，会缺乏主动性，容易形成懦弱的性格，不利于孩子的成长。"

所以，父母切勿高高在上地命令孩子，而要尊重孩子的独立人格，理解孩子的独立愿望。为此，父母应该做到以下几点。

1. 放下家长至高无上的威严

父母之所以喜欢对孩子下命令，很大程度上是因为他们认为自己在家里拥有至高无上的威严。正如古话说的那样："君要臣死，臣不得不死。父要子亡，子不得不亡。"尽管如今时代与古代大为不同，但传统观念仍然残留于某些家长的心里，致使他们对孩子失去了应有的尊重。事实上，每个孩子都有独立的人格和尊严，家长唯有放下自己居高临下的威严，才能平等地对待孩子，才能改变命令的口吻。

周立的父母与他说话时，从来不用命令的口吻。对周立的缺点，父母总是温和地提出建议，即便周立在某些方面重复犯错，父母也不会高高在上地训斥他。因而，周立与父母的关系非常好，平时有什么话都会跟父母说，彼此就像朋友一样。

初二下学期，周立喜欢班里的一个女生，这使他在学习上有些分心，他想向对方表白，又怕被回绝。犹豫了一番，周立最终把自己的烦恼告诉了爸爸。爸爸听完他的倾诉，没有像有些父母那样火冒三丈。相反,他跟周立分享了自己的经历,并且建议周立先把这份情感放在心里,好好学习,等将来机会合适了,再向那个女生表白。

周立认真思考了爸爸的建议,觉得有道理,然后调整好心态,把精力集中在了学习上。

周立的爸爸是明智的,面对儿子早恋的念头,他既没有呵斥儿子"不学好",也没有命令儿子放弃表白的念头,而是跟儿子分享了自己的经历,然后提出建议,让儿子决定怎样去做。这充分体现了父母对孩子的尊重,孩子自然会认真考虑他的建议。由此可见,平等基础上的沟通才是有效的沟通。

2.用商量的口吻和孩子沟通

很多时候,命令孩子做这做那,不许做这不许做那,孩子往往不听。但若能用商量的口吻与孩子说话,孩子在感受到尊重之后,往往会顺应父母的意愿,配合父母去行动。这就是商量的口吻在沟通中的作用。

进入青春期后,孩子越来越有自己的思想,对很多事情有自己的看法。身为父母,应认识到这一点,遇事时多与孩子商量,耐心倾听孩子的意见,这对孩子的成长是十分有帮助的。

程飞在外面是个顽皮的男孩,在家里却是一个有想法、有责任感的小男子汉。每当家里遇到棘手的事情时,他都会积极献计献策,勇于承担责任,为家人分担压力。程飞能这么懂事,与父母遇事主动与他商量的做法是分不开的。

有一次,妈妈对程飞说:"飞飞,你外公生病住院了,妈妈想去照顾他一周,但又担心你和你爸不能照顾好自己,我想和你商量一下,听听你的想法!"

程飞思考片刻后,对妈妈说:"妈妈,你放心吧,我和爸爸会照顾好自己的。你不用担心,尽管去照顾外公吧!"

妈妈听了程飞的话,这才放心地去了。

孩子是家里的一员,家庭的事情也是他们的事情,父母有必要和他们一起商量。这不仅是培养孩子家庭责任感的好机会,让孩子学会为父母分担,还能让孩子认识到他是独立的人,应该被平等地对待,也有利于培养孩子的自尊与独立意识。

冷嘲热讽的话语,会使孩子受辱

如果你留心观察就会发现身边很多家长都会跟孩子这样说话:"你认为自己很能干吗?""这你还不明白吗?""这么简单,你居然不会!""你动动脑子好不好啊?"等等。儿童心理治疗专家里伯文指出:"孩子,尤其是幼童,最怕的是出自父母之口的嘲讽。他们很难理解,和自己最亲近的人怎么会说出这种表面是表扬而实质是贬损的双关语。"

不要小看冷嘲热讽的杀伤力,说不定,你的几句冷嘲热讽,会害了孩子一生。因为在冷嘲热讽下,孩子的自尊心会遭受严重的打击,孩子容易产生自我怀疑甚至自我否定的心理倾向,因此容易缺乏安全感和自信心。

谈到孩子的教育问题时,黄先生联想到父母对自己的教育,他说:"在我的印象里,基本上没有得到过父母的正面评价。我上学的时候,当我考了第二名,父母会对我说'千万不要骄傲,你要看看你与第一名的差距有多大'。当我刚开始学习做饭笨手笨脚时，父母会斥责我'怎么生了你这样的笨蛋'。所以，在很长一段时间里，我是一个自卑的人，我很喜欢讨好别人，性格里有隐性的暴力倾向，还容易嫉妒别人。"

黄先生接着说："但是我很幸运，长大之后喜欢读书，读了一些好书，慢慢地进行自我教育，逐渐把自己雕刻成另外一个样子。虽然有时候我那些负面的性格还会冒出来，但现在我基本上是一个温和、宽容、开朗、懂得自我欣赏的人。"

黄先生是幸运的，因为父母的嘲讽没有让他迷失自我。但是，还有很多深受父母嘲讽的人恐怕就没有那么幸运了。这种经常性的嘲讽是一种"精神暴力"，是一种情感虐待，会让孩子在心理上感到痛苦。

需要特别说明的是，"精神暴力"与"批评教育"是不同的。批评教育是教育中不可缺少的教育手段，心理学家林崇德说过："表扬是爱，批评也同样包含着爱。"批评教育是就事论事，具有合理性、公正性，但精神暴力却是人身攻击，是一种深深的伤害。二者有本质的区别，但遗憾的是，很多家长并不能区分两者，而是打着"爱孩子"的幌子伤害孩子。所以，真正爱孩子，就要停止对孩子冷嘲热讽，而采取正面的管教方式。

1. 先肯定孩子的努力，再引导改善

举个简单的例子，妈妈让儿子安安收拾房间，他把房间收拾完了，但是没有达到妈妈的预期，虽然妈妈口头上说："你收拾得真干净！"但表现出来的态度却很冷淡，甚至是不悦。儿子一听就知道妈妈在说反话，是在嫌弃自己没把房间收拾干净。

起初孩子会困惑："妈妈为什么不直接说我没有把房间收拾干净，为什

么正话反说？"慢慢地，他就会明白：妈妈这是在嘲讽自己，是在表达对自己的不满。这位妈妈的这种做法不仅对改正孩子的不足没有好处，还会影响亲子感情。

正确的做法是，先肯定孩子的努力，再引导孩子改善不足。比如，"很不错，你把房间收拾了一番，累不累呢？歇一会儿吧！"当一个人的行为得到肯定时，他会觉得自己的付出是有价值的，会获得成就感。

接着，妈妈再引导孩子改善做得不好的地方。比如，"桌子上有些书忘了收拾，要不要整理一下，放到书架上去呢？"由于孩子之前得到了妈妈的肯定，他会尽力配合。最后，妈妈别忘了再给孩子一个正面回应："都收拾整齐了，真棒！"

2. 评价孩子的行为，而不要羞辱孩子的人格

当孩子表现不好时，父母应该就事论事，评价孩子的行为表现，而非抛开客观事实，羞辱孩子的人格。这种严重挫伤孩子的自尊和自信，影响孩子对自己评价的做法会让孩子觉得：父母根本不爱我，父母一直觉得我是个笨孩子！

> 有一位父亲教 10 岁的儿子游泳。孩子有些害怕，动作又笨又慢。爸爸在旁边不帮忙不说，嘴却一直没闲着："哎呀，你双手不会向后划动吗？""你的双腿是干什么用的，不会拨水吗？""做任何事都要动脑子，懂不懂？你会不会动脑子？"这位父亲说话的语气并不严厉，语速也不快，儿子却好像听腻了似的，眼皮耷拉着，面无表情。

这位父亲是在教孩子怎样游泳，但是他却说了一大堆对孩子学游泳不利的话。他的话语和态度对孩子充满了贬低、蔑视和嘲讽，他是在发泄对孩子笨手笨脚行为的不满。事实上，这位父亲只需评价孩子的行为，比如，"你双手划动的姿势不对，应该这样划动"，边说边给孩子做示范。如此，孩子就会明白应该怎么做,然后反复练习。在练习的过程中,大人再及时给予孩子指导和纠正,直至孩子熟练掌握。这样的话,亲子沟通会非常顺利,孩子改正不足也会非常顺利。

批评孩子的艺术

作为一个孩子,受批评是常有的事情,在学校可能会受到老师的批评,在家可能受到父母的批评。因为在成长的过程中,他们不可避免地会犯这样那样的错误,批评也是一种常用的教育方式。有的父母会习惯性地把批评孩子的话挂在嘴边:

"跟你说过多少次了,就是不听!这次你吃亏了吧?我看你活该!"

"你看看你,都笨成什么样了!"

"房间赶快整理一下,弄得跟猪窝似的。我要怎么为你收拾才干净啊!"

……

可以说,批评非常司空见惯。但如果父母一味地批评孩子,不会起到好的教育效果。首先,过多的批评会使孩子对此"免疫",会让他对批评充耳不闻,这时,批评对他根本就不再有教育效果了。其次,一味批评很容易使孩子叛逆,父母越不让他做的事情,他越去做,而父母要求的事情他偏偏不去做。这样的批评教育,显然是失败的。

有的父母就会问:"那孩子犯了错怎么办?就不能说他两句?"

批评作为一种教育和沟通方式,还是要用的。对于那些故意违反家庭、学校规定,故意捣乱等行为,还是要用批评教育的方法。如果父母不批评他们，他们就不能分辨是与非，蔑视规则、规定，长大后甚至会蔑视法律。孩子只有在被批评的过程中，才能学会辨别是非，学会区分哪些事情能做、哪些事情不能做。在孩子的成长过程中，如果从来没有挨过父母批评，参加工作后，便很难坦然面对上司的批评，缺少团队合作意识。只有对孩子的所作所为敢于直言，对就是对、错就是错的父母才会受到孩子日后的尊敬。

所以说，批评要用，但要讲究技巧。那么，父母如何批评孩子才能达到好的教育效果呢？

1. 尊重人格，就事论事

很多父母动辄就对孩子大吼，不注意语言轻重合适与否，人事不分，常常是连讽刺带挖苦，甚至训斥谩骂。比如，"你怎么这么笨啊，考得这么差！""你就是个笨蛋！""你真没出息！"等。

其实，父母这样批评孩子是非常不正确的，很容易伤害孩子的自尊心。父母批评孩子，首先要遵循一个原则：对事不对人，批评他的行为，而非批评他的人格。

比如，孩子没考好，父母可以这样说："平时就告诉你要好好学习，看，这次没考好吧！希望下次不要这样了。"如果孩子偷偷上网吧玩游戏，可以告诉他："你去网吧玩游戏耽误了回家和做作业，这种行为是非常错误的，并且还撒谎，这错误很严重，你知道吗？"

父母批评孩子的目的是帮助他改正缺点，但因为孩子的一次成绩差就称他为"笨蛋"，孩子撒了一次谎，就给他贴上不诚实的"标签"，这样做不但不能帮助孩子改正缺点，相反还可能会使孩子慢慢承认父母给他贴的"标签"。这种人事不分，侮辱人格式的批评必然会招致孩子的不满，对其成长是很不利的。

2. 批评要有建议性

父母要学会建议性地批评孩子，也就是当父母发现孩子的行为不当时，批评里要带有启发性，协助孩子矫正不当行为。

比如，孩子因上网而忘了写作业，父母可以这样批评他："你看，作业没写完，你自己也着急吧？我也很担心，你这样做不但伤身体，还影响学习。你答应过我不再长时间上网的，可是你没做到，如果是我答应你一件事而没有做到，你会是什么感觉？希望从明天起，你先做作业再上网。这样既不会影响学习也不会耽误你玩，慢慢你就可以养成一个好的习惯。"

父母的这种做法既指出了孩子的错误，又给他指出了正确的建议，同时对他抱有很大的期望，鼓励他去改正错误。

3. 不要当众批评孩子

有的父母误认为当着他人的面数落一下孩子，会增强"激发"的效果。殊不知，这都是极不可取的。孩子无论年龄大小，都有自尊心，且年龄越大，自尊心就会越强。如果父母当着外人的面批评孩子，孩子就会觉得情面上过不去，为了维护自尊，常常不认错，甚至公然与父母对抗，造成难以收拾的局面。

有位教育学家说："对孩子的教育，要在私下里进行；对孩子的表扬，应该当着众人的面进行。"当众赞扬孩子，他会以之为骄傲和目标；而当众批评孩子，他会无地自容。当孩子在众人面前的形象被破坏，他很有可能会放弃自己的形象，破罐破摔。所以，当众批评孩子是最不可取的教育方式。

4. 讲清规则，赏罚分明

对不少孩子来说，犯错误的过程其实是一个认识规矩与规则的过程。因此，当孩子犯错误时，父母应该先弄清楚孩子是不是明白相关的社会规则与规矩，再据此判断应不应该批评孩子。在家也要制定一定的家庭规则，让孩子严格执行。

在规则之下，父母一定要做到赏罚分明，不要出尔反尔，否则，所有的规则都将被孩子打破，起不到教育效果。

5. 把批评变成合理的"表扬刺激"

父母在批评孩子的时候，如果在批评的语句中加上暗含鼓励的"表扬刺激"，孩子就会乐意接受，不但改正了错误，而且以后的学习也会变得更有信心、更有动力。

比如孩子做了 10 道题，只做对 1 道，有的父母就会说："10 道题就做对了 1 道，你怎么这么笨，简直是榆木疙瘩。"这样做无疑是在失意的孩子头上又浇了一盆冷水，雪上加霜。如果父母换一个角度说："嘿，还不错，这么难的题，你还做出 1 道。"孩子在受挫的情况下领受了"表扬"，内心会产生压力，继而转化为学习的动力。

所以说，同样是批评，说法不一样，作用和效果也会大不一样。

表扬孩子的艺术

有很多父母，常会觉得自己的孩子身上净是缺点和不足；觉得孩子总是不让自己省心，从而感叹自己是不成功的父母……实际上，那是因为你不懂得肯定自己的孩子。

美国心理学家威廉·杰姆斯说："人性最深层的需要就是渴望别人的赞赏，这是人类之所以有别于动物的地方。"我国教育家陶行知先生说："教育孩子的全部秘密在于相信孩子和解放孩子。相信孩子，解放孩子，首先要肯定孩子。"

善于赏识孩子的父母，在教育孩子的过程中往往能够取得事半功倍的效果。

假设一个你非常熟悉的场景。

孩子在期末考试中得了 80 分，而在上一次的考试中，他的成绩是 78 分，这只是班里中等的水平。你会怎么做？

（1）埋怨型父母

"唉，我怎么生了你这样的孩子，总是提高不了成绩。我给你买了那么多的参考书，你怎么就原地踏步呀？以后你只有扫马路去了！"

很多父母都属于埋怨型父母。这类父母总是怀着恨铁不成钢的情绪，着眼孩子的缺点和短处，进而否定孩子的所有努力，让孩子产生"我就是笨孩子"的意识，孩子在这种负面的意识中不断沉沦，进而自暴自弃，让父母越来越失望，如此形成恶性循环。正如一位教育家所说："孩子的成长离不开宽容和赏识，而严苛的责备会使天才的成长夭折。"

（2）表扬型父母

面对总是在中下游成绩徘徊的孩子，父母接过试卷，认真地查看一下，微笑着说，"看来，你是下了功夫的，瞧，这不是比上次提高了2分吗？可不要小看这2分，如果你坚持不懈，每次都能提高2分，那可不得了呀！"

父母让孩子一起看试卷："不过，你看这道题目是因为你的粗心造成的，尽管只有1分，但是，也是挺可惜的，下次一定要注意哦！"

日本一位儿童教育学家的研究表明，经常受到父母夸奖和很少受到父母夸奖的孩子，其成才率会大有不同，前者比后者高出5倍。所以，父母一定要学会夸奖孩子。

不过，在夸奖孩子的过程中，父母也要注意避免以下几个误区。

1. 表扬太多或太少

"你把你的脏衣服放到洗衣机里了？嘿，儿子你真棒！"为了培养孩子的自尊，家长有时会把孩子变成接受表扬成瘾的人。但是，你一定要明白，依靠表扬来鼓劲的孩子不会为了自身的追求而努力实现各种目标。他会因微不足道的杂事而期待别人给予的溢美之词，否则，他就可能不会主动去完成自己分内的义务。

表扬是一种正面的激励，而表扬的关键是要起到激励作用，重在精神赞赏。马斯洛在需求层次理论中提到，物质需求仅仅是人的低级需求，人的高级需求是精神需求。可见，表扬孩子一定要实事求是，千万不要盲目表扬，更不要夸大孩子的优点。

但是，如果父母只指出孩子是如何失败的，失败就会成为他的心理阴影。所以，我们建议，称赞和批评的比重应该是 3∶1。如果夸奖的比例太高了，你的夸奖可能就是不真诚的或过度夸张的；如果批评的比例太高，那么，你可能就是太苛刻了。

2. 孩子不需要"廉价"的表扬

> 11岁的男孩小辉是个"小懒虫"，平时不爱收拾房间、不爱叠被子。这天不知什么原因，他起床后顺手叠了一下被子。其实就是随便一卷，完全称不上"叠"。妈妈见状，立刻表扬道："儿子叠得真好，比妈妈叠得还要好呢！"谁知小辉小嘴一撇："谁信呢？"妈妈说："这有什么不信的？"小辉说："当然不信了，我这叫叠被子吗？明明就是卷被子，你却说我比你叠得好，这不是说假话吗？"妈妈听了这话，顿时不知道该说什么。

家长肯定、表扬孩子并没有错，但肯定、表扬必须中肯、得体，要有事实依据，要真实、客观、真心，切勿言不由衷。10～16岁的孩子已经有了自己的思想，对一般事物也有起码的判断能力和鉴别能力。如果父母用廉价的表扬去哄孩子，只会让他嗤之以鼻，时间长了，还会使孩子对家长失去信任。正确的做法是，在尊重事实、尊重孩子自尊心的前提下去表扬他，且表扬要客观，切勿夸大其词，这样才能被孩子接受。

3. 表扬孩子要重过程

父母表扬孩子不要只看重结果，还要看重过程。有些孩子比较鲁莽，常常好心办坏事，当他们因为好心办了坏事的时候，父母切忌不分青红皂白批评一顿，这样的话，孩子以后可能就不敢尝试，不敢做事了。

暑假的一天，天气骤变，顿时大雨倾盆。小飞见阳台外面晾晒了衣服，就跑了过去，想尽快把衣服收进来。谁料想，一个不小心，把妈妈的白色T恤掉到了楼下。妈妈从厨房赶出来，得知衣服掉到楼下了，把小飞臭骂一顿："你这孩子，这么点儿的小事都做不好，你还能做什么啊？"小飞听后委屈地低下了头。

谁都有好心办坏事的时候，大人也不例外。父母不妨换位思考一下：当自己好心办了坏事，被别人痛批了一顿时，心情会怎样？所以，不要动辄批评孩子，而要看重孩子做事的动机，如果孩子的出发点是好的，做事的过程是好的，即便结果不尽如人意，也应该给予表扬。过后，父母再帮孩子分析"办了坏事"的原因，让孩子学会吸取经验。这样就能收到较好的效果。

字条、网络、短信是更具效力的沟通渠道

"你平时都是怎么和孩子沟通的啊？"在被问到这个问题时，大概父母都会诧异地表示："还能怎么沟通，当然是说话了！"提到沟通，人们首先想到的就是说话，问询、表扬、批评、建议……几乎都是口头进行的。但遗憾的是，有些时候口头教育并不能产生良好的沟通效果，孩子听得腻、听得烦、左耳进右耳出或者压根儿就不听了，这时该怎么办呢？

德国教育家卡尔·威特曾说："有时候，对于某些我觉得不便用口头表露的情感，我会把要表达的意思以书面的形式写在纸上，文字加重了话语自身的力量，显得更加真实可信。"的确，字条、信件等非口头的沟通可能会起到意想不到的效果，特别是对于青春期的孩子，这样做既能把父母的想法传递给孩子，又能避免当面说教的冲突和尴尬。

下面几种常见的沟通方式各有所长，父母不妨根据实际情况进行选择和尝试。

1. 书信或者字条——文字的力量比用口说更大

14岁的文君正处在人生的花季雨季，她有许多烦恼和困惑无处诉说，又不好意思找妈妈倾诉，妈妈也很少主动和她聊天，有时文君甚至怀疑妈妈根本就不关心自己。为此，文君每天都会把自己关在小房间里，用写日记的方式排解无边无际的胡思乱想。

一天，文君和往常一样，放学回家后径直走进自己的房间，就在开门的时候，一张粉色的小字条从门把手的缝隙中掉落在了地上，文君捡起来一看，上面写着："文君，妈妈看你最近闷闷不乐，是不是有不开心的事情啊？妈妈不太会说体贴的话，但一直关注着

你。随时期待你找我聊一聊，如果你觉得那样太别扭，我们写字条也可以啊。"

看过字条后，文君原本紧绷的嘴巴弯成了月牙，她迫不及待地坐到桌子旁，提笔写道："妈妈，我没什么大事，就是最近有很多关于成长的困惑，我不懂，我的朋友们也同样一头雾水，如果你能告诉我就好了，我等你的回信。"写完这些后，文君在字条边缘画了一颗爱心，然后悄悄塞进妈妈的房间里。

就这样，小小的字条成了妈妈为文君答疑解惑的载体，文君青春期的烦恼也被一一化解了。

相较于口头表达，信件和字条更容易表达情感，更适合以下情况的沟通。

（1）孩子有疑问和困惑的时候

青春期的孩子会有很多的疑问和困惑，他们想要了解原因，但常常对父母心存隔阂，有意回避或者不好意思当面交流。这时父母就可以采用书信、字条等方式，在无声无息的语言中为孩子答疑解惑。

一般情况下，文字都是经过深思熟虑的，父母可以将想法系统、完整地表达清楚，避免出现表达重复、逻辑混乱、内容片面等情况。而且，同样是讲深刻的大道理，呈现在纸上往往比口头上更容易让孩子接受。另外，有些父母担心自己的字写得不够漂亮，或者写不出华丽的辞藻，这都无关紧要，只要真诚地表达出对孩子的关心，便是世界上最美的文字。

（2）双方产生矛盾和冲突的时候

文字可以心平气和地把事情讲清楚，客观地看待问题，理智地表达感情，可以避免考虑不周、言辞不当所引发的二次伤害。当父母与孩子产生矛盾和冲突时，不妨暂时休战，用文字解释想法，表达对孩子的期望。许多教育专家都认为文字是教育孩子的有效方式，因为文字能够以物化的形态存在，会更加持久，方便孩子在理解不透时反复阅读、仔细思考。

（3）当孩子因情绪低落而拒绝沟通的时候

一项调查发现：有八成受访的中小学生表示"经常或有时情绪低落"，但仅有两成会"找父母倾诉"。在孩子情绪低落时，父母不妨给他们写点儿什么，一句理解、一句鼓励……这些看似简单的话语都如雪中送炭，会给孩子带来莫大的安慰，帮助他们尽快走出阴霾。

2. 借助微博、微信等其他网络渠道——做孩子的"隐形"朋友

> 自从上初中之后，陈亮就变得神秘兮兮，周末几乎都是和同学一起度过，和妈妈的交流更是少得可怜，除了"妈，我上学去了""妈，我回来了"之外，就没有什么话可说了。想知道孩子干什么，但又不能撬开孩子的嘴，于是妈妈决定换一种策略。她从陈亮表姐那里要到了陈亮的微博账号，然后"隐藏真身"，开始了"卧底"生涯。通过一段时间的观察，妈妈发现陈亮并没有从事秘密的"地下活动"，除了上课就是和同学一起打球、上自习，生活过得非常规律而且健康，只是把交往的重心转移到了朋友身上，并没有什么好担心的。

QQ、微信、微博、照片墙（Instagram）等都是现在孩子比较热衷的社交平台，父母不妨也与时俱进，做孩子网络上的朋友。但在这个过程中最好"隐身"，不要轻易发声，只要孩子没有偏离正常的成长轨迹，就应该给他们留出成长的空间。青春期的孩子都想独立，家长想成为他们的朋友就要学会尊重他们的想法和感受，有意识地与孩子保持一段距离，不要步步紧逼，允许孩子有自己的独立空间和隐私。

距离产生美，只有这样，父母与孩子之间的关系才能更加融洽。条条大路通罗马，只要父母有诚意，任何渠道都可能是促进亲子沟通的有效途径。

第四章

早恋、性——
这样引导最正确

对于青春期的孩子来说，早恋、性这两个话题是他们最大的困惑，也是父母最头疼的事情。很多父母都为担心孩子过早地踏入"雷池"而苦恼，如果处理不当，不仅会影响孩子正常的生活和学习，还会影响他们的身心健康。

早恋就像一朵带刺的玫瑰，美丽但易凋谢；而说到性，却又总是让人难以启齿。面对这些问题，父母该如何把握，才能帮助孩子解开青春期的密码呢？

理解青春期孩子的情感需求

10～16岁是孩子成长过程中一个不容忽视的"坎",因为这个年龄段的孩子普遍进入了青春期,其显著的标志是孩子性意识的觉醒和生理的成熟。除了身高和体型的变化外,细心的父母还会发现,孩子在一夜之间变了。

过去邋遢的男孩,现在开始臭美了;昨天还是嘻嘻哈哈、胸无城府的男孩,今天变得有些"深沉";以前和女孩打打闹闹的男孩,如今与女孩交往时却有些害羞、不自然,并且喜欢偷偷地关注女孩,私下里还会犯相思病。

昨日还乖巧懂事的女孩,独立意识逐渐增强,对父母说的话不再"言听计从";由于更加在意自我,开始变得敏感、软弱、自卑;之前害羞内敛的女孩,开始暗暗留意男孩对自己的评价,对男孩也会产生一种莫名的好奇和"好感",喜欢和男生一起学习、玩耍,甚至把优秀的男生当成倾慕、崇拜的对象,并愿意和他多接触。

那么,这究竟是怎么回事呢?

其实,孩子在10～16岁有这些表现是非常正常的,这源于青春期孩子的一种本能的情感需求,那种想接近异性,又羞于表达的感受。身为父母,千万不要取笑、批评他们,而应理解孩子的这种心理需求。

青春期孩子之所以喜欢异性,希望接近异性,是因为他们的内心对异性有一种超乎寻常的好感。再加上彼此又是同龄人,往往有说不完的共同话题,这会让孩子觉得与异性相处是一件快乐的事情。

然而,很多家长却害怕自己的孩子早恋,见到孩子与异性交往频繁,就感到紧张不安，甚至为此对孩子提出种种限制。殊不知，原本男孩与女孩之间只是正常的交往，家长人为地设限，反而容易激发孩子的逆反情绪，让他们把心中默默藏着的对异性的好感，转化为一场"地下恋情"。

> 姜先生的儿子早恋了，老师与他谈话时，问他为什么早恋，他愤愤地说："这都怪我的妈妈。"男孩说，他原本和班里的晓梅只是关系较好的朋友，两人经常一起学习，放学顺路一起回家。有一次，被妈妈撞见了。妈妈质问他是不是早恋了，喝令他不许和晓梅交往，这让他很生气：妈妈不让他和晓梅交往，他偏要和晓梅交往，而且交往得更亲密。慢慢地，他们的关系越来越近，彼此真的"相爱"了。

情感需求是人的一种本能，各个年龄段的人都有情感需求，而青春期孩子对这种需求的渴望更为强烈。作为父母，应该理解孩子的情感需求，尊重孩子与异性的正常交往，同时也应做好教育和引导，这样才能让孩子有一份纯真的男女同学之间的友谊。

1. 理解孩子与异性交往的情感需求，并为其创造条件

有位母亲在她的博客中这样写道：

> 为了让儿子与异性健康交往，我有意识地邀请亲朋好友家与我儿子年龄相仿的孩子来家里玩儿，或带儿子走亲访友，目的是让儿子有机会和更多的同龄人交往，从中学习如何与人相处。
>
> 当儿子与女孩相处时，我总会提醒儿子："要对女孩谦让，要学会保护女孩，要对女孩有礼貌！"而且，我经常让儿子在集体活动中与女孩交往，避免私下独处，比如，多名孩子在一起玩儿，这样能让儿子学会与女孩保持距离。

初中阶段的孩子正处于情感需求特别旺盛的时期,他们渴望得到异性的关注、信任、好感、友谊。这种心理是很正常的,父母与其阻止孩子正常的心理需求,不如主动创造条件,为他们与异性交往保驾护航。

2. 尽量避免孩子与异性"一对一"的单独相处

一般来说,正常的异性之间的交往,无须一对一交往,也无须私下单独相处。如果是很纯粹的朋友关系,完全可以在大庭广众之下自然地交往。因此,当有一天,你发现自己的孩子频繁地与某个异性朋友私下一对一单独相处时,你就有必要提醒他,帮助他分清友谊与早恋的界限。

最近,韩女士发现儿子晓峰总是在晚上出门,问他出去干什么,他说同学叫他出去散步。这天,妈妈又发现儿子出去了,便站在楼上往下看,发现约他散步的是楼下邻居的女儿悦美。两个人是同班同学,又是邻居,因此关系较为亲密。

这天,晓峰又要出去散步时,韩女士对他说:"我能陪你一起去吗?正好我要去一趟超市!"儿子犹豫了一下,但还是答应了。走到楼下,悦美见晓峰和妈妈一起出来,显得有些意外,但还是礼貌地和他们打起了招呼。

韩女士主动邀请悦美一起散步,边走边和他们聊天:"悦美,我们是邻居,以后多来家里玩儿,还有啊,以后散步啊,把你妈妈也叫出来,大家一起多热闹啊,你说是不是呢?"有了这番委婉的提醒后,晓峰和悦美单独约会的次数少了很多。

通常,我们为什么不鼓励男孩和女孩单独相处、约会呢?因为青春期的男女自制力较差。试想一下,情窦初开的年龄,花前月下、路人寥寥时,他们在彼此的好感作用下,难免会做出一些不好的举动,比如,牵手、接吻等,这显然是父母不想看到的。

另外，男女私下约会，会使彼此关系过于亲密，也会让他们背上精神压力，因为他们害怕被家长发现，这样也不利于他们轻松愉快地交往。

所以，家长应建议青春期孩子打消与异性单独相处的念头，更不能有约会的想法。要告诉孩子：约会不是你这个年龄应该做的事情，你要做的是把精力放在学习上，同时应大大方方地与异性交往。

孩子早恋有哪些征兆

很多青春期孩子的父母都会有这样一些疑虑，比如"我的孩子最近怎么这么奇怪，是不是早恋了"或者"为什么孩子回家越来越晚了，问他的时候还要遮遮掩掩"等。其实，只要父母留意，就能发现孩子那些异常的信号。

快过年了，甜甜妈兴冲冲地为13岁的女儿甜甜买了两套衣服，没想到女儿却一点儿也不喜欢。甜甜妈还发现，最近半年女儿特别"臭美"，每天早上久久地霸占着卫生间，对着镜子把头发梳了又梳，而且特别爱换衣服，上午一套下午一套。此外，甜甜好像特别喜欢和班上一个叫阿坤的男生一起玩，对他的话言听计从，口头禅几乎变成了"阿坤说……""有一次，阿坤……"。甜甜妈不禁暗自担心：女儿为什么经常把这个男孩挂在嘴边？她不会是早恋了吧？

有的父母也许会说，这不可能，我家孩子很乖，不可能早恋的。其实，青少年早恋的现象已经越来越普及化，部分学校甚至高达80%。也许你的孩子表面看起来很乖巧、很听话，但是，有没有早恋，这就不太好说了。

那么，到底要多早才能算作"早恋"呢？

一般认为早于大学时期（约18岁）的恋爱就会被列为早恋。

关于什么样的程度才算早恋的问题，很多父母也许会认为，产生对异性的爱慕就算是早恋了，这种说法显然不科学。青少年对异性的爱慕是很正常的生理现象，但是，这种模糊不清的感情一旦爆发，往往会在现实生活面前碰壁，从而给他们尚且稚嫩的心灵带来极大的困扰。

以下问题，如果肯定答案超过半数，家长就该格外留神了——你的孩子不一定正在恋爱，但可能有了早恋倾向。

孩子突然变得很爱打扮，在镜子面前左顾右盼，还时常要求父母买一些时髦的衣服。

放学不按时回家，学习成绩也有所下降，问其原因，总是支支吾吾回避话题。

回家或者周末写作业的时候心不在焉，不停地看手机或者找理由出门。

活泼好动的孩子变得沉默，回家后喜欢一个人躲在房间里，无缘无故与家人生疏起来。

说一些父母一眼就能看穿的谎言。

情绪起伏大，有时兴奋，有时忧郁，有时烦躁不安。

家里常有异性打来的电话，还经常有一些来路不明的小礼物。

无意间谈起公园、溜冰场、音乐茶座等场所。

对电影、电视中的爱情镜头特别关注。

……

处于早恋之中的孩子，往往表现出这些反常现象。很多人都觉得，现在的少男少女们真的是跟以前大不一样了。不管家长、学校怎么回避，怎么阻拦，"早恋"还是阻挡不住，有时反而弄巧成拙。

那么，早恋到底是如何产生的，怎么青春期的孩子都像商量好似的踏入了"雷池"呢？除了"荷尔蒙"方面的原因，我们按早恋原因划分为几个类别。

1. 好奇型

青春期少男少女们对异性都会冒出无数个疑问，然后会不由自主地被吸引。他们想要了解异性的世界，试图探寻异性的奥秘，在这种倾向的驱使下，为了满足自己的好奇心，于是开始试图和异性"交往"，这有点儿像小孩子过家家一样的游戏。

2. 补偿型

很多青少年在家庭或者学业上受过挫折或者创伤，就想通过异性来排遣这些负面情绪。比如，有的孩子从小父母离异，心灵遭受了创伤；有的孩子因为父母长期在外打工，缺少亲情和家庭的温暖；有的孩子因为父母脾气太粗暴，而得不到足够的关心和理解……当这些负面心理变得非常强烈的时候，这些孩子就极其渴望倾诉，希望有人能给自己一些情感上的慰藉。这时候，早恋就随之产生了。

3. 模仿型

现在的影视剧、网络、报刊中充斥着大量的情感信息，对性生理已经成熟的青少年来说具有极大的诱惑，于是有很大一部分青少年就不自觉地产生了这种模仿心理。还有一种比较重要的原因，青少年总是希望自己的行为与群体保持一致，所以当同龄人中，特别是同班、同龄群体中有恋爱的现象出现时，青春期的孩子就会去模仿。

4. 爱慕型

这类现象相对于前面几种来说，属于比较成熟的类型。有的青少年是因为爱慕对方的外在仪表而产生的早恋，有的是因为爱慕对方的能力和品性而产生的早恋。虽然这时候的孩子还不能理解恋爱和婚姻的全部内涵，但是这时候他们的性意识已经超越了朦胧的阶段，开始对爱情有了自觉的追求。

需要提醒的是，进入青春期的孩子出现对异性同学感兴趣，希望接近、交往异性同学的心理是十分正常的。作为家长，不应把早恋看作十分邪恶的事，不应把早恋与不求上进、品质恶劣等同。

诚然，早恋对刚刚进入青春期的孩子利少弊多，但家长切不可强行打压，非打即骂，这样的结果往往适得其反。适当进行疏导，在尊重孩子感情的前提下，引导他们处理好理智与冲动、友情与爱情、需要与可能之间的关系，才是万全之策。

怎样理性引导早恋的孩子

青春期孩子与异性交往过密，家长不要一棍子打死。如果动不动就给孩子扣上"早恋"的帽子，反而会使那些纯真的孩子弄假成真。家长应该理性地对他们加以引导，必要时教给孩子一些交往知识，让孩子学会交往，使其把对异性的好感发展成为真诚而纯洁的友谊。

父母可以用下面这个熟知的故事来疏导。

一个又饥又渴的旅人在山洞里歇息，意外发现洞里有个宝瓶，带走它，自己已经疲惫不堪，没有这份能力了；放弃它，又觉得太可惜了。怎么办呢？最后，他想了一个办法：把它埋藏起来，并做好标记。等到将来有能力时，再来把它挖出来。

"埋藏起来"是个两全其美的明智办法。这个旅人的做法,难道不值得父母借鉴吗?

1. 鼓励孩子藏起对另一半的爱慕

一个16岁各方面都很不错的高一男孩,与同班的女孩相恋了,男孩的父亲与他进行了一次属于两个男人间的谈话。

爸爸:儿子,你是不是觉得她是最好的女孩?

儿子:嗯。

爸爸:爸爸相信你的眼光。但是,你现在才上高一,你认识的女孩有多少?

儿子:可是我心里只有她。

爸爸:你说你要上大学,将来还要出国深造,想成为一名律师或金融家。你知道你将来会遇上多少好女孩?其实,爸爸并不反对你现在谈女朋友,但是,爸爸最反感的是见异思迁。这位女孩是你到目前为止认识的最好的女孩,可是,你将来会有更多的机会,到那时你该怎么办?你会不会后悔?

儿子:可是,现在让我离开她,我很痛苦。

爸爸:那我问你,你初三时买的"随身听"呢?

儿子:前两天,您给我买了个高级的,我觉得音质比原来那个好,就把原来的送给别人了。

爸爸:这是一样的道理。你如果把握好每一个机会,你以后的成就只能比今天大,你面对的世界只会比今天更广阔,到时候你的选择也只会比今天更好,而且更适合你。如果你现在与这个女孩真有那份情,到时候再让它开花结果多好。儿子,一个人一生不可能不做些让自己后悔的事,但是,人生大事只有几件,后悔了,就遗憾终生。

儿子:爸爸,我懂了……

从那以后,男孩把对女孩的特殊感情像一颗种子般深埋心里。他明白,即使爱的种子发芽了,也还没有长成参天大树,更不可能结出甜美的果实。而在这之前,他只能做一个默默耕耘的园丁,等待果实的成熟。

所以,这个男孩无疑是幸运的。首先父子之间存在着朋友式的信任,男孩才敢把深藏内心的秘密告诉爸爸;其次,爸爸知道后,没有责骂,也没有居高临下地"教育",而是对儿子的恋情娓娓道来,有理解,有启发,有暗含规劝的比喻,最后使儿子心服口服。

2. 试试和孩子"谈情说爱"

在处理孩子早恋的问题时,有很多聪明的家长都会采取柔软的态度,来"以柔克刚",这样一来,既磨掉了青春期孩子的棱角,又能有理有据地说服他,一举两得。

下面我们再来看看来自一位教师家长的文章。

作为一名母亲,我和儿子是一对无话不说的好朋友。

有一天周末,我和他坐在沙发上聊天,儿子突然问我:"妈,你和我爸谈恋爱的时候,他吻过你吗?"我一时发愣,不知该如何回答。片刻,我稳定了一下情绪,然后解嘲般地笑了起来:"你这孩子,怎么突然问这个?"儿子也跟着笑了起来。

又有一天,我和儿子在楼下散步,儿子突然又郑重其事地问我:"妈,如果我处了对象,你会怎么样?"这次我吃惊不小,儿子才上初二啊!我极力掩饰自己的情绪,故作镇定地对孩子说:"妈妈相信你不会的,你是个聪明的孩子,有远大的理想,不会因为这种现在不该做的事情而失去前程,但是如果真的这样,妈妈也不会反对。"

这下儿子瞪大了眼睛:"你,你说的是真的?"

"是的!"我肯定地点点头。

"我才不相信你！肯定有问题！"

于是，我笑着说："儿子，你想想，今年你才14岁，妈妈怎么会同意你谈恋爱呢？学习肯定会受一些影响，可能还会影响你的未来。可是，妈妈不能不让你去学校啊！也不能左右你的想法，只能鼓励你为了喜欢的女孩好好学习，为她和你自己，创造一个美好的未来。"

儿子感动地说："妈妈，你说的这些我信。"

这次谈话之后，我心神不宁地过了好一段日子，担心儿子真的有什么"行动"。但是接下来的几天，儿子好像有所感悟。所有的业余时间都扎进了书房，学习成绩不断提高。看到这些，我心里十分高兴。

有着如此通情达理的父母，孩子必然会放下戒心，开诚布公，认真听取父母的意见，正确处理情感问题。

青春期孩子面临哪些性困惑

10岁之后，孩子陆续进入青春期，生理上逐渐成熟，但孩子的心理发育还不成熟，加之身体上的急剧变化，会让孩子产生许多困惑，我们把这个困惑称为"性困惑"。那么，青春期孩子到底有哪些性困惑呢？

1. 男孩梦遗的困惑与女孩月经来潮的困惑

男孩进入青春期的标志就是出现梦遗。大人都知道，梦遗是正常现象，可是刚进入青春期的男孩却不知道。他们可能会担心自己是不是病了，或是产生稀奇古怪的想法或担忧。

上初一的阿杰最近觉得自己有点儿不对劲,原本清脆的声音变得浑厚沙哑,而且早上起来还发现裤子上总有些黏糊糊的东西。"我是不是病了?为什么像变了个人似的?"同班几个男生在一起议论,说阿杰开始发育了。可是阿杰不知道什么是发育?每次阿杰问爸爸,爸爸总是说:"到时候你就会明白的。"

对于男孩梦遗的困惑,父母应大大方方地解释这是男孩进入青春期的标志,让孩子明白梦遗不会使人变笨,也不是生病了,而是身体发育的正常表现。

初二女孩婷婷上体育课时突然感觉不舒服,在几位女同学的帮助下来到卫生室。医生检查后,发现婷婷下身正不停地流血,忙告诉她:这是月经来了,这是正常的现象。但婷婷见流了这么多血,紧张地问:"会不会流血过多而死?"

女孩进入青春期的标志就是月经来潮,对此,女孩最困惑的就是:流这么多血,会不会死?会不会是生病了?会不会影响身体健康?身为父母,应该及时为孩子释疑解惑,尤其是妈妈,应该积极与女儿分享月经方面的知识,告诉女儿:"女孩子长大了,每个月都有那么几天会有少量出血。只要在内裤上垫上卫生巾或护垫,就能保证流出来的血不会弄脏衣服。妈妈也是女人,每个月也会流血!这种现象很正常,不会影响你的健康的!"

父母及时地发现孩子生理的变化,适时地帮助他们疏导心理的郁结,就能让孩子健康地度过青春期。

2. 男孩阴茎勃起的困惑与女孩胸部变大的困惑

男孩在青春期,容易在周围环境或他人的刺激下,产生不受控制的性冲动,比如,看见穿着时髦、性感的异性,看到色情刊物或相关影视等,导致阴茎勃起。如果在私下场合阴茎勃起，也没什么影响；如果在公共场合，那就很尴尬了。因此，男孩非常困惑：为什么阴茎会勃起呢？怎样才能让它恢复正常？

对此，家长尤其是爸爸应该充当主要教育者，告诉孩子：阴茎勃起往往是因为受到了外界的刺激，产生了性幻想，从而有了性冲动。因此，想让它恢复正常，就要控制好自己，不去主动接受刺激。比如，看见异性性感、露骨的打扮时，应该转移注意力。同样，阴茎勃起时，也应该转移注意力。比如，想想学习上的事情；再比如，看看窗外的风景等。这样很快就能恢复正常了。

与男孩有阴茎勃起的困惑相似的，还有女孩胸部变大的烦恼。请看下面的案例。

> 11岁的莹莹最近发现自己的胸部变大了，她感到惶恐不安，还有些害羞，但又不敢问父母。尤其在男同学面前，她不敢直视对方，不敢抬头看人，生怕抬头挺胸之后，胸部凸出太明显。她整个人说话支支吾吾，好像做了亏心事一样。在家里，她还偷偷从网上买紧身衣，想穿在身上以掩饰胸部的变化。

作为女孩的母亲，此时应该向孩子解释青春期的女孩为什么胸部会变大。同为女人，母亲的"现身说法"对女孩更有说服力，从而会帮助孩子放下思想包袱和心理压力，自信地对待青春期的身体变化。

3. 男孩手淫的困惑与女孩自慰的困惑

青春期孩子在性冲动、性幻想的作用下，可能会通过触碰生殖器官，达到让自己舒服的目的。这就是我们常说的手淫、自慰。对此，有些孩子会产生一定的困惑，他们既想通过手淫或自慰让自己体会那种美妙的感觉，又担心这种行为会危害身体健康，甚至会产生负罪感，觉得愧对父母。

胡涛是一名初三学生，由于学习压力大，他经常去上网，慢慢接触了一些不健康的网站，甚至看了一些色情视频。刚开始他还觉得害羞，但是后来就上瘾了，经常忍不住去看。同时，他还染上了手淫的坏习惯。虽然每次手淫后感觉很舒服，但他也非常担心这样会危害健康，内心十分自责和矛盾。

作为成人，相信大家都知道：手淫、自慰并不是魔鬼，只要不是过于频繁，对身体并无危害。父母可以告诉孩子，偶尔的手淫或自慰，可以宣泄内心的压抑情绪，这并不等于淫秽、下流，没必要心存自责和产生心理负担。

另外，父母还要引导孩子把精力放在学习或运动等方面，鼓励孩子多参与集体活动，或者体育锻炼。通过这些方式可以有效地释放孩子压抑在心头的性幻想、性冲动，从而使孩子减少手淫和自慰，追求更积极的事物，更健康地成长。

4. 男孩女孩相互之间产生好奇、渴望交往又不好意思交往的困惑

进入青春期后，男孩和女孩相互之间会产生好奇心，他们渴望与异性交往，但又会感觉不好意思，这是一种极为矛盾的困惑心理。有些孩子，特别是男孩，会将对女孩的好奇转移到色情照片、刊物、影像中去，实际上他们是想看女性的真实形体。而女孩也会在一起谈论班级的男生，并偷偷地对某个男生怀有好感。

对此，父母应该教育孩子大方地与异性交往，告诉孩子：与异性交往是人格成熟的必经过程，青春期对异性产生兴趣，是极为自然的现象。如果刻意压抑这种交往需求，反而不利于身心健康和人际交往技能的发展。

跟青春期孩子谈性，家长需要注意哪些问题

某报上曾刊登了这样一幅漫画：一对母子同行，途中有个牌子，上面有个大大的"性"字。这位母亲赶紧用手捂住孩子的眼睛，并绕开那个"性"字。

从这幅漫画上，不难看出许多家长对"性"的避讳。如何与孩子谈性，是令很多家长感到尴尬的问题。家长的极力避讳，不仅不会消除孩子对性的困惑和烦恼，反而会增加孩子的好奇心与探索欲。同时，孩子还会觉得父母对自己不信任。

"其实，只要5分钟的交流，女儿就不会那样紧张惶恐。"回想起女儿进入青春期这段时间的行为表现，身为中学老师的林女士觉得自己很可笑，可是笑过之后，她又替女儿感到委屈。如果不是自己的失职，女儿就不会对"性"一知半解。

林女士的女儿到底经历了什么呢？

原来，林女士的女儿上初二，她原本是个活泼开朗的好学生，但最近突然变得很压抑，整天紧张兮兮。"我发现她每次看到电视中的卫生巾广告，都会特别不自然，整个人很紧张、很惶恐。"林女士知道女儿进入了青春期的发育阶段，便悄悄给女儿买了卫生巾用品。可是女儿的紧张情绪并没有得到缓解。无奈之下，她只好带孩子去看心理医生。

短短5分钟，女儿从心理咨询室出来后仿佛变了一个人，她神情轻松，面带微笑。心理医生告诉林女士，女儿的心病就是对"性发育"的困惑——为什么电视上的卫生巾广告中，卫生巾上出现的

是蓝色的液体，而自己流出来的是红色的血？这让她担心自己的月经不正常，因此，终日惶恐。

对于这件事，心理医生很不解地说："家长只需5分钟的时间，就可以消除孩子的紧张不安。但为什么就开不了口呢？"

还有多少家长像林女士那样，在对孩子的性教育上不好意思开口、不知道怎么开口呢？不好意思开口是家长的思想观念问题，不知道怎么开口是家长的性教育技巧问题。前者属于"不应该"，如今早不是旧社会，家长应该主动打破保守的思想观念，大大方方地给孩子讲解性知识，对孩子进行性教育。后者属于"不能够"，互联网时代，不懂得如何与孩子谈性的方法，就应该积极去学习。

接下来，我们就详细了解一下家长与孩子谈性时需要注意的问题。

1. 更新观念，切勿故步自封

最近半年，每次看电视的时候，只要有男女亲吻的画面，爸爸妈妈就会把张迪的眼睛捂起来，甚至干脆借故支开他。张迪问爸爸妈妈为什么不让他看，他们总是吓唬他："接下去会很恐怖的，怕你看了害怕。""可是我一个人看的时候觉得蛮好玩的，一点儿都不可怕啊。"张迪有些不解。

这样的事例，父母一定感同身受。对此，父母需要更新如下两个观念。一是更新传统保守的性观念，切勿谈性色变，而要把"性"看作是一个很正常、很普通的话题，千万别像上面的家长那样，在孩子面前对性唯恐避之不及。

二是多看性教育方面的书籍，因为10～16岁的孩子提出的问题带有偶然性、随意性，家长平时如果不注重积累这方面的知识，面对孩子的提问可能会手忙脚乱。因为只有家长有这方面的丰富知识，才能给孩子做出权威的解答，帮孩子释疑解惑。

2. 简单直接，切勿闪烁其词

无论是父母主动与孩子谈性，还是孩子问父母有关性的知识，父母都应该简单直接地表达，切勿闪烁其词，故作神秘。否则，只会让孩子产生更多的疑惑和好奇。

"爸爸，我内裤怎么湿了？"早晨起床的时候，儿子问爸爸。

爸爸看了儿子的内裤，意识到儿子遗精了，神态有些不自然，说："没什么，男孩子都会这样！"

"怎样啊？"儿子追问。

"没什么啊，放心吧，没事，这很正常！你赶紧洗漱吧，不然要迟到了！"

儿子更加疑惑了：内裤上一片黏糊糊的东西很正常？

面对孩子有关性知识的问题时，父母应简单直接地作答。比如，上面那位爸爸完全可以告诉孩子："这叫遗精，是男孩子身体发育的表现，有了这种表现，就说明你已进入了青春期，开始成为一个男子汉了！所以，你不用担心，这是成长过程中的正常现象。"相信这样的解释定能消除孩子的疑惑，让孩子信服。

在谈性的时候，父母的态度应平静、坦诚、自然，切勿遮遮掩掩。如果家长有所顾忌，欲说还休，孩子得不到满意的解答，很可能寻找其他途径去获取相关信息，比如，上网搜集相关信息，这样反倒不利于性教育的开展。

3. 简洁明了，切勿长篇大论

在与孩子谈论性知识时，家长无须长篇大论，有时候三两句话就能解释清楚，何必洋洋洒洒，像演讲一样呢？哪怕再复杂，孩子再疑惑的问题，有个三五分钟也就足够了。而且在三五分钟内，家长还可以从容地运用故事去讲解，便于孩子理解枯燥的性知识。

4. 轻松自如，切勿一本正经

美国专家皮尔萨博士说："永远不要正式谈性。"性教育是随机性的教育，孩子遇到问题，随时提问，家长随时解答，切勿像老师上课一样，总想着一次把全部的性知识都告诉孩子。家长谈论性知识的语气越是严肃、越是正经，越会令孩子感到有压力。

许多家长与孩子谈性知识之所以屡屡失败，就因为太过一本正经。其实，看手机、看电视的时候，就可以随机地和孩子聊聊性知识，父母用轻松自如、幽默风趣的方式与孩子谈性，甚至用调侃的语气去谈，更利于孩子接受性教育。

发现孩子手淫怎么办

阿蒙已经12岁了，按妈妈的话说，已经是一名男子汉了。阿蒙的父母非常开明，早早就教授给阿蒙一些性保健知识，所以对于青春期的阿蒙还是很放心的。

但有一天，妈妈提前下班看到的一切打破了这一平静。

当妈妈用钥匙打开家门后，发现儿子并没有像往常一样在客厅写作业，而是躲进了自己的小卧室。她走到儿子房间门口，本想叫阿蒙来吃她刚买回家的草莓，却在开门的一刹那发现儿子正在忘情地自慰。儿子压根儿没发现妈妈回家。

妈妈连忙掩上门，她完全被震惊了——儿子还那么小，居然开始手淫了，以后怎么得了！万一把身体糟蹋坏了怎么办？他以后结婚怎么办，生小孩怎么办？

一连串的问题涌上脑海，她觉得有些支撑不住，本想冲进去立刻喊"住手！"但毫无疑问那会挫伤阿蒙的自尊心。

发现孩子手淫，到底该怎么处理呢？

其实，阿蒙的事情，在很多家庭都发生过。但大部分的父母发现孩子手淫后，采取的方式往往是斥责。可这些父母都忘了，自己也有青春年少的时候，控制性冲动，有时连大人们都掌握不好，更别提懵懂的孩子了。

当孩子步入青春期，在性激素的影响下，开始会有性的萌动。他们对性问题满怀憧憬、好奇与幻想，在性生理和性心理的驱动下就会出于一种本能而开始手淫体验。从生理角度看，性冲动不受大脑支配，而是由血液中的激素水平所决定的，是一种不以人的意志为转移的自然现象，也是一种自然能量的积累过程，当它积聚到一定程度后就应该有一个合理的宣泄途径。

不仅如此，手淫也并不像许多父母认为的是坏孩子的"专利"，在好孩子身上就不会发生。实际上这只是父母的主观臆想。长期以来，父母通常习惯以自己的标准来评价孩子：学习成绩好，做事规规矩矩，听自己和老师的话就是好孩子，反之，一出现让自己不中意的事情就成了坏孩子。一些父母之所以认为手淫的孩子是坏孩子，只不过是因为孩子手淫这种行为本身，超出了他们的心理接受能力。在父母心里，孩子永远还是那个什么都需要父母来帮助的"幼儿"，一旦出现成人行为，很多父母都无法接受。其实，父母不要简单地把手淫看成坏事，因为性和吃饭一样，是人体必需的。对青少年来说，在不能进行性交行为的情况下，手淫是唯一可以采取的性行为。

多数父母认为手淫是下流行为，他们甚至会考虑到手淫可能会引起孩子今后的性功能障碍和不育等疾病，因此极力阻止。所用方式、方法也可谓无所不用其极，恐吓、打骂，以为孩子吃过苦头后，会因为畏惧父母的打骂而纠正这种不良习惯。其实，这样做非但没有用，结果还会适得其反。因为这样的方法，一方面会增加孩子对手淫的矛盾心理状态；另一方面还会增强孩子的好奇心，使手淫更加频繁，甚至还会激发孩子的逆反心理。

许多父母接受不了孩子手淫，更多还是因为怕孩子沉溺于此，影响他们的身体健康、学习乃至成长。那么，手淫到底会对孩子产生哪些影响呢？

医学已经证明：偶尔发生的手淫行为对身体不会有什么不良影响。反而是许多青少年因为并不了解手淫是怎么回事，心中充满疑问又得不到正确解答而由此产生恐惧、悔恨、紧张、自卑的心理问题。如果孩子手淫后并没有产生不良情绪或学习影响，父母大可不必过分担心。许多父母对待这个问题觉得难以启齿，没有关系，可以去书店买一些有关青少年性健康方面的书籍给孩子看，还可以带孩子去心理门诊，请专业医生帮忙。

另外，许多父母自认为孩子有了手淫的习惯就要戒除。实际上这种方法并不明智。孩子手淫本身就会产生很重的心理负担，比如觉得自己的行为很可耻，认为自己比别的同学"脏"，怕父母责罚、同学耻笑等，这些心理障碍多是由于对手淫缺少了解或存在错误认识造成的。此时父母若否定这种行为，无异于告诉孩子他们的错误认识是对的，这不但不利于缓解孩子的心理压力，而且很容易让孩子否定性欲，对他们成年以后的性生活也会产生不良影响。

从心理特点来看，处于青春期的孩子对一切未了解的事物都充满好奇，而且越是被禁忌的东西，他们越愿意冒险尝试。所以对待手淫，"严堵"并不是办法，应该让孩子真正了解这种行为，并给其客观、正确的评价。如果孩子能够以充沛的活力迎接每一天，并能以坦然的态度接受这种行为，父母就可以顺其自然，不必强迫他们戒除。

什么时候可以和孩子谈性

专家认为没有一定年龄的限制，只要孩子提出问题时，都是好的教育时机；并且强调在对孩子进行性教育时，一定要用"正确的性器官称呼"。

专家指出性教育可分为幼童阶段（0～6岁）、童年阶段（7～10岁）和少年阶段（11～14岁）。应该来说，孩子到了3岁时就对自己的性别有了明确的认识，能清楚地认识到自己是男孩还是女孩。3～7岁是性角色意识的重要培养阶段，孩子会从日常的家庭生活中进一步加深对性别、性角色的认识。7岁之前的性教育，父母的作用无疑是最重要的。因此，一旦孩子无法从父母那里得到帮助，便会产生这样那样的问题。

12岁的小九不知不觉发现自己和朝夕相处的男孩在身体外形等方面开始截然不同了。为此，她感到惶恐不安，甚至害羞，但又不敢问父母。尤其在男同学面前，她不敢抬头，不敢直视对方，不敢挺胸，连说话也支支吾吾，好像做了亏心事一样。她偷偷用穿紧身衣、束胸的办法，掩饰胸部的变化。有时候，还刻意在服饰、发型、言谈、举止等方面，扮成一个"假小子"。

高一的阿志和同学小香谈起了恋爱，可对爱情懵懵懂懂的两人都不知道谈恋爱应该是什么样子，两性之间的知识更是少之又少。一天，阿志吻了小香，但接吻之后，两人便后怕起来，"我这样会不会怀孕呢？"小香惴惴不安。"应该不会吧，我也不太清楚。"阿志对此并不确定。从此以后，小香总担心自己会怀孕，一有身体不适，便以为自己怀孕了，背着思想包袱，成绩一落千丈。

多数父母认为,性教育就是告诉孩子有关性交、怀孕和生育的"真相",即解释与孕育下一代有关的过程以及对性的感受。其实所谓"性认知",应当是从孩子对个人及他人(包括自己的身体和别人的身体)的认知开始。父母抚摸、搂抱孩子的方式以及父母间的亲昵接触,都是传递性的最原始信息。一旦孩子能理解别人的意思了,就可以开始跟他谈性了。

1. 孩子的询问正是教育契机

当孩子开始对自己的身体好奇,并且问父母"我的身体为什么是这样"时,父母就要告诉孩子,他们的身体是上天所赐予的珍宝,阴茎与阴道同身体中的其他器官一样并没有本质区别;无论是何种体型、肤色,基本上都是美好的。这种健全的意识,可以为日后青春期及青年期的性认知奠定基础。

2. 父母是孩子最好的性教育老师

每位父母都希望孩子长大后具有健康的性观念和性行为,但却不知道该怎样去教育。"怎么说得出口呢?"他们想,"要是有一个这方面的老师就好了!"

其实,这些父母没有认识到自己就是孩子的第一任,并且是最好的性教育老师。别担心自己没有经过专门训练,知道的不多,不能很好地教育孩子,因为比性知识的教育更重要的是性榜样的树立。如果父母每天的言谈举止相亲相爱、温馨和谐、相互赞赏,无疑是对孩子最好的教育。因为孩子理想中的异性原型对应的正是他们的父母。擅长察言观色的他们正好借此深刻领悟父母之间的幸福、美满的男女关系,并在长大后如法炮制。

3. 该给孩子什么样的答案

至于答案,简单易懂就行,不要长篇大论向他讲述"生命的来源",因为他对综合性的知识讲座毫无兴趣。如果你对这种简单回答也有点儿束手无策的话,现在书店里有很多适合青春期性教育的书籍和家教杂志,建议购买一本,选择有关能回答他提出的问题的章节、文章让他(她)看,或者与孩子共同来探讨这一话题。

最后，在任何情况下都不要让孩子看见父母过夫妻生活时的情景。防胜于治，父母的房门务必有锁。别怕孩子会不高兴，这除了保证你们的"安全"之外，还可以让孩子学会尊重别人的隐私空间。

如何教孩子正确面对开放的社会

一份针对青少年性行为的调查报告显示，青少年性行为具有性活动频繁、性伴侣多以及不采取避孕措施等特征。在接受调查的115人中，19人曾有2名或2名以上的性伴侣。同时青少年性行为还存在性虐待等恶劣表现。

这份调查报告令人痛心，却并不令人吃惊，几乎可以用两句话形容：情理之外，意料之中。所谓情理之外，是说本不该有这种情况；所谓意料之中，则是因为类似的调查结果，在其他地方也屡见不鲜。

圆圆是一个人见人爱的女孩，她虽然只有15岁，但看上去已经是一个亭亭玉立的大美女了。自然有很多的男生追求她，面对众多的求爱者，她选择了隔壁班无论是长相还是学习都非常优秀的正正。起初两个人只是偷偷地写信和网聊，后来就成双入对地出现在学校操场上、餐厅里，周末的时候他们还会手挽着手一起去逛商场。随着交往的深入，有一天他们终于偷吃了禁果。

就在他们交往七八个月后的一次体育课上，体育老师发现圆圆行为笨拙，体型异样，于是把她带到学校医务室，经医务人员检查确认她已经怀孕 6 个月了，老师连忙通知她母亲，带她到医院做了引产手术。

舆论总是将未成年人的性行为喻为"偷吃禁果"，但事实是以前所谓的"禁果"，今天真的还能叫"禁果"吗？不少青少年根本不认为发生性行为是什么了不得的事情，相反，他们认为有异性朋友而且发生性行为是很正常的，倒是不发生性行为那才是不正常了——"禁果"在他们眼中早已成了"开心果"。

青少年性开放的背后，隐藏的是社会的道德危机。一些地方社会风气日趋败坏，连淳朴的校园也不能幸免，在持续的恶性循环下，不但会造成性价值观匮乏的精神危机，也会酿成更多的教育与家庭问题。

可是，对于越来越早熟的孩子，目前我们的学校和父母们仍缺乏足够的准备。由于性在中国的主流文化中一直是"羞耻"和"隐秘"的代名词，青少年很难得到健康公开的讨论环境，在无法从老师和父母那里得到关于性、异性和安全性行为等问题的指导之下，他们只能通过"地下"渠道，偷偷摸摸地去揭开性的神秘面纱，通过鱼龙混杂的网络、电影、书刊以及半公开的色情交易场所，来化解性好奇和性困惑。在错误的诱导下，涉世不深的青少年极易在性问题上误入歧途。近年来，各地频频发生少年性犯罪，对社会安定造成了很大的危害，也给受害者带来了巨大的伤痛。

因此，提升孩子的道德素质，特别是性道德，除了政府教育制度外，家庭教育及父母以身作则的身教也是重要的一环。只有在多方的相互配合下，我们的下一代才能在正确健康的性价值观中健康成长。

第五章

网络是把双刃剑,积极正确的引导是关键

网瘾如猛虎。然而,父母却不能因为惧怕孩子上瘾就因噎废食,毕竟我们生活在一个信息化的时代,让孩子具备电脑及网络常识是时代所需。

那么,面对网络这把双刃剑,父母所能做的就是平和地对待孩子上网的问题,教育孩子如何科学上网和从容面对网络上的各种诱惑,充分发挥网络对孩子成长的积极作用,减少其消极作用。

为什么说网瘾不是孩子一个人的错

近年来,关于孩子沉迷网络的报道层出不穷,如果把孩子打游戏用一张图画出来,那就是:孩子在乌烟瘴气的网吧打游戏,父母在网吧外面痛哭流涕,呼喊"救救我的孩子"。由于网络游戏而造成的青少年自杀、犯罪事件屡有发生,这不仅严重危害孩子的身心健康,也可能导致家庭破裂,不得不让我们认真审视"网瘾"这一话题。

对于网瘾,很多父母把错归咎于孩子,认为孩子不听话、不学好、不能控制自己。对此,被称为"中国戒除网瘾第一人"的陶宏开教授认为:人之初,性本纯。网瘾不是孩子一个人的错。

陶宏开说:"每个孩子本身都是纯的,是父母后天教育出了问题,才会出现类似网瘾孩子等问题青少年。现在很多家长,对孩子重玩轻教育,只让孩子快乐,缺少正确引导;重养轻教,只管孩子吃饱穿暖,少了思想教育;重智轻德,只看孩子学习成绩,不重视孩子的品德、人格。时间久了,孩子就没有责任感、生命价值观可言。"

虽然"网瘾不是孩子的错"有些绝对,但至少不应该是孩子一个人的错,那么网瘾到底是谁的错呢?

1. 社会原因

很多人可能认为孩子沉迷网络,是社会的过错,将网瘾的始作俑者指向网吧、游戏开发商、运营商。确实,他们为了金钱利益不择手段,缺乏社会责任感。

2. 学校原因

对于那些逃课出去上网玩游戏的学生，学校是否做到了有效管理？除了正常的教学，学校还教给孩子什么？有没有教孩子自我管理，有没有教孩子追求健康的兴趣？课堂之余，学校是否组织了一些积极健康的活动？学校是否提供了必要的娱乐、运动场所？当发现孩子沉迷于网络，甚至逃课打游戏时，老师是否在第一时间通知了家长，向家长反映了孩子的情况？这些问题都值得我们反思。

3. 家庭原因

生活中，溺爱孩子、对孩子放任自流的家长不在少数。等到孩子沉迷于网络时，再来指责别人把自己孩子带坏了，这是极不负责的行为和态度。10～16岁的孩子还没有成年，还不能明辨是非。作为家长，应该反思一个问题：为什么孩子认为虚拟的世界比现实世界有趣？

曾有一篇报道说，一位家长跑到网吧，哀求道："求求你放了我的孩子吧！"这样的家长真的太可怜、太可悲了。他们将错归结于网吧，却没有反省自己：当孩子沉迷于网络游戏时，你们在哪里？孩子上网的钱是从哪里来的？孩子上网成瘾，几天不回家，你们做了什么？

网瘾戒除大师陶宏开说："家长应该认识到，网瘾并不是孩子的错。沉迷网瘾的孩子，其背后100%有一个问题家庭。孩子们迷恋于网络，是为了获得补偿，获得现实世界中所缺失的爱、尊重和交流。"可见，家庭出了问题的孩子，才容易沉迷网络游戏。

作为孩子的父母，没有能力左右学校的管理，也没有能力改变社会大环境，能够做的只有反思自己，用正确的方法教育孩子。要知道，如果不能把孩子教育好，即使孩子现在没有沉迷网络，今后遇到了令他着迷的事物或有诱惑的东西，他一样会走火入魔，迷失自我。

那么，父母该怎样去做呢？

1. 反思家庭中的问题和家庭教育的缺失

孩子沉迷网络游戏后,家长不能老是盯在孩子身上,不停地责怪孩子。可以回忆分析下,孩子是怎样上网成瘾的。然后,积极地与孩子的老师、同学沟通,了解孩子的近况以及上网成瘾的程度,凡是有可能与孩子接触、沟通的,都利用起来。

对于父母而言,如果你的孩子沉迷于网瘾,不管你的工作、事业多么繁忙,都请抽出时间陪伴孩子。和孩子一起分析原因,是学习紧张、人际关系紧张,还是性格上有缺陷,帮孩子认识到自己存在的问题,找到比网络游戏更令孩子动心的活动。

2. 像朋友一样与孩子自然沟通

尽管孩子沉迷网络让父母有一种恨铁不成钢的感受,但见到孩子时,还是应该保持平和的态度,多关心孩子的衣食住行,多与孩子亲切沟通。要像朋友一样跟孩子谈论日常见闻,耐心观察和了解孩子的内心世界和想法,慢慢地缓和孩子与父母的关系。等家庭关系渐渐好转后,再见机行事,因势利导地找到合适的切入点,搭起与孩子心灵沟通的桥梁,比如,跟孩子聊聊人生目标、未来生活等。

3. 尝试带孩子走出封闭的生活圈子

沉迷网络游戏的孩子,多半人际交往圈子很窄,不喜欢与人交往,或只是与固定的几个人交往,整个人处于一个封闭的生活圈子中。因此,父母有必要尝试带孩子走出这个封闭的圈子,拓宽孩子的见识和视野,比如,带孩子出去旅游,陪孩子参加运动,多与别人打交道,让孩子在丰富多彩的活动中感受生活的乐趣,而不再留恋网络游戏。

网络游戏到底能不能玩

每当看到孩子玩游戏时，父母总会感到不安，害怕孩子玩上瘾。可是看到孩子玩得很开心的样子，又不忍心阻止。那么，孩子到底该不该玩网络游戏呢？对于这个问题，我们很难给出正确的回答。简单粗暴地拒绝孩子接触网络游戏，或完全放手让孩子去玩网络游戏，都不是最科学有效的办法。

网络游戏的危害不言而喻，很多家长都见识过，或深有体会。因此，以简单粗暴的方式拒绝孩子接触网络游戏的家长大有人在，并且有其充分的理由。但是，我们不能因为网瘾害了孩子，就阻止孩子接触网络。要知道，信息时代离不开网络，网络游戏也不是洪水猛兽，有很多孩子虽然常玩网络游戏但并没有上瘾，相反还成了计算机高手。因此，对于孩子如何使用网络，关键在于父母怎样教育和引导孩子。

1. 某些大型的网络游戏一定要让孩子远离

如果将网络游戏做个简单分类，可以简单地归结为两类。

一类是需要不断地往里面充钱的大型收费类的网络游戏，这类游戏大多含有一些不健康的内容，比如色情、暴力等。这类网络游戏能为开发者、运营商带来巨大的利润，是青春期孩子很容易上瘾的游戏产品，也是毒害孩子的祸首。所以，父母要坚决让孩子远离这类游戏。

另一类游戏，可以称为"小游戏"。比如，《水果忍者》《保卫萝卜》《QQ斗地主》等，让孩子玩一玩也无妨。因为这类游戏相对而言比较简单，并且不像那种大型网络游戏对孩子那么有诱惑力。孩子玩这种游戏，纯属娱乐放松，往往玩了一阵子，新鲜感消失了，就不愿意再玩了。所以，父母没必要阻止孩子玩这类游戏。

总的来说，对于孩子到底能不能玩游戏，父母应持有一分为二的态度：

既不能一味地阻止孩子玩任何的网络游戏,又要杜绝孩子玩不健康的大型网络游戏。

2. 孩子玩小游戏也要规定时间,不能过度

既然玩小游戏对孩子没有那么大的诱惑力,那是不是可以让孩子尽情地玩呢?当然也是不行的。

如今,很多网络小游戏成为智能手机中的常客,不仅大人爱玩,小孩也爱玩,而且玩起来也更方便。孩子有很多机会接触到这类游戏,有些家长对孩子采取放任态度,只要孩子做完作业,就可以尽情地玩。

结果,孩子成了"低头族"中的一员,长时间地玩游戏,把眼睛玩成了近视,玩出了颈椎病,结果严重影响了孩子的健康。因此,放任孩子玩网络小游戏是绝对不行的。正确的做法是,规定孩子每天玩游戏的时间,帮助孩子管好自己。

> 范女士的儿子上五年级,特别喜欢玩消除游戏。每天做完作业后,他就会要求范女士把手机给他玩。对此,范女士也爽快地答应,但她跟儿子有言在先:每次玩消除游戏不能超过半小时。到了时间,范女士就会收回手机。
>
> 起初,儿子把手机还给范女士时,还表现得很不情愿。但一段时间后,儿子就很守规矩了,玩了近30分钟,他就主动把手机还给妈妈。
>
> 范女士表示,再好的游戏玩多了,也会危害孩子。因此,必须规定时间,让孩子有所节制。

游戏是满足孩子好奇心的重要娱乐工具,也是孩子接触新知识、新世界的一种途径。作为父母,不能让孩子只局限于从书本中了解世界,还应丰富孩子的课外生活,让孩子多体验不同的乐趣。允许孩子玩小游戏,也是一种生活调剂。

3. 抽出时间陪孩子一起玩游戏

孩子的成长过程不可缺少父母的陪伴。当父母忙完一天的工作，带着疲惫的身体回到家后，不妨抽出时间，陪孩子做些有趣的事情。既然孩子喜欢玩小游戏，父母就适当陪孩子玩一玩。比如，一起玩玩《QQ斗地主》《跳一跳》。父母还可以和孩子比赛玩游戏，看谁玩得成绩更好。通过这种方式，既可以缓解大人的疲惫，又可以增进亲子之间的感情。在一定程度上，还能弥补孩子因为玩游戏而缺少与父母沟通产生的不利影响。

孩子迷恋网络游戏，需要及时正确的引导

游戏是人的天性，争强好胜也是人的天性，网络游戏正是利用了人的这种天性。网络游戏的独特魅力在于，网络传播的交互性和不可预测性将这些现实社会中难以实现的内容变成了既可被玩家无限制再生产，又可被玩家无代价享受的虚拟刺激物。而且网络游戏永远迎合着玩家的任何要求，永远提供着不可预见的新刺激。网络游戏不仅满足玩家的欲望，而且持续不断地激发玩家的欲望。因此网络游戏比任何网上行为都更强地培养玩家对网络的依赖和迷恋。

小竹11岁，已经有两年"网龄"了，平时喜欢在网上交朋友、玩游戏。寒暑假或周末，每天爸爸妈妈一出门，他就谎称去同学家里做作业，然后偷偷泡在网吧，有时候甚至会逃学泡网吧。他在网

上的人缘非常好，而且网络游戏也玩得很好，是一名"常胜将军"，伙伴们都对他赞叹不已。在网络世界中，在朋友和他自己的眼中，他都是一个非常了不起的角色。

然而，常常在他玩得正起劲的时候，爸爸不知忽然从哪里冒了出来，拧着他的耳朵把他从网吧里面拎出来。回到家后，面对桌上摊着的不及格的试卷，小竹忽然泄了气，觉得自己好像一下子从天堂坠入了地狱，从一个被人崇拜的英雄，变成了现实世界中的一个可怜的小人物。小竹一边哀怨，一边想："还是在网上那个世界中比较爽一些。"

网络游戏的魅力简单地说就是能够满足人的某些欲望，这些欲望是现实社会里道德和法律所不允许的，所以玩网络游戏比较容易上瘾。那么，父母该怎样做才能帮助孩子戒除对网络游戏的迷恋呢？

1. 对孩子所玩电脑游戏的内容要有所选择

要选择适合孩子的游戏。一般来说，孩子对声音、动画、图像比较喜欢。这时候要选择一些寓教于乐的游戏给孩子，必要的时候要给予规范和引导，特别是男孩子对射击、动作等种类的游戏很感兴趣，这时候就要合理引导。当然，对于一些涉及暴力和色情等内容的不健康游戏一定不要让孩子玩，以免孩子从中学坏。

2. 转移视线法

让我们来看看一个聪明的父亲是怎样帮孩子戒除网瘾的。

我的儿子上初二，每天都会嚷嚷着要玩《开心消消乐》游戏，并且非要安装《王者荣耀》游戏。有一次，我趁儿子不在家，来了个大清查，将家里电脑中的游戏软件全部删除，取而代之的是一些比较有趣的学习软件。

儿子回来之后，当然是大吵大闹，我没有发怒，而是答应跟儿子一起学制作幻灯片。几天后，聪明又满怀好奇的儿子很快就迷上了这个新玩意儿，看着自己亲手制作的"卡通电影"，他觉得特别有成就感。现在，儿子口口声声说自己将来要当一名"制片人"。此外，我还鼓励儿子通过QQ空间展示的方式与同学、老师、亲友联系，让他在"晒"空间的过程中，与别人沟通交流情感，锻炼创作能力。

3. 巧妙限制法

和孩子达成协议，以下内容可供父母参考。

限制网友。告诉孩子一般不加陌生人，添加新好友时，必须经大人同意。

限制时间。比如每天晚饭后1小时，周六、周日可以延长到两小时玩游戏。

限制内容。不允许玩大型游戏，不要在网上透露家庭和个人信息，不准约见网友。

限制地点。控制资金，严禁到网吧上网。

违反其中一条，扣1小时的上网时间，零花钱减半；严重违反，则"禁网"一周。当然，如果孩子表现良好，也要给予适当的奖品以表示鼓励。在具体实施过程中，父母要经常提醒孩子言而有信，学会自制。孩子开始会有投机心理，受到处罚后，慢慢就能自觉遵守了。如果父母不放心，那就背着孩子用不同的QQ号码试探几次，就能知道孩子有没有违规。

4. 温情煽动法

父母帮孩子戒网，首先做他的朋友，千万不要强迫孩子。父母们应该放下架子和孩子聊天、做朋友，甚至可以聊网络游戏，让孩子在心灵上和父母产生亲近感。孩子放学回家，先问问孩子饿不饿，或者今天有没有什么好玩的事，让孩子有一个轻松、温暖的生活环境，最重要的是一定要注重培养孩子其他的兴趣，闲暇时陪孩子玩玩益智游戏，比如一起下象棋，一起游玩等，这样一来，孩子上网成瘾的概率将会大大降低。

怎样教育孩子正确使用电脑和网络

孩子是祖国的未来，孩子是父母的宝，每一位父母对自己的孩子都寄予了很高的期望，但同时也很担心孩子在平时的学习与生活中受到一些不良影响。很多父母为孩子上网的问题伤透了脑筋，特别是对于互联网的接触。有不少孩子在业余时间爱上了游戏或者上网聊天，从而导致学习成绩下降，做父母的也束手无策。

对于电脑，陈先生总觉得儿子比自己懂得多，他本人也就会用电脑看个电视剧、电影什么的，再者就是点开几个大的门户网站的主页看看新闻，因此忽略了对儿子上网的教育。

有一次他忘记敲门，直接打开儿子的卧室，却发现儿子的电脑屏幕上有几个裸女的图片，于是他把儿子叫出来狠狠地训了一顿。

他想把电脑断网，但儿子却哭叫着说："没网络就完不成作业，你不能剥夺我正常娱乐的权利，以后我再也不会看那些不好的网页了！"

听到儿子的这些话，陈先生不知如何是好。

下面我们来看看引导孩子正确上网的几点建议。

1. 加强对孩子的网德教育

教育孩子用审慎的态度对待网络，不看带有暴力或色情的网络内容，不散布谣言，不搞人身攻击，提倡网络文明用语，不使用粗俗的语言，做一个道德高尚的网民，提高防范网上不健康内容侵害的免疫力。同时，要教育孩子不要沉溺于视频聊天，网上交友很可能会诱使孩子参与到不良的网上活动中去。

2. 要对孩子上网进行有益的监督

父母要主动学一些电脑和网络的基本知识，当好网上冲浪的先行官，自己先到网上看看，哪些网站对孩子有益，哪些网站对孩子有害，哪些网站孩子可以进去，哪些不可以进去。对一些不适合孩子的网站，可以用相关监管软件或建立防火墙将其滤去。同时，要尽量与孩子一起上网，这样既可以避免孩子进入不健康的网站，又可以对网上内容进行及时的指导和解释；如果实在没有时间与孩子一起上网，可以通过历史记录来查看孩子浏览过的网页，一旦发现孩子进入了不健康的网站，要及时进行教育引导。

3. 充分发挥互联网的作用，让互联网成为孩子的良师益友

互联网既是浩如烟海的信息库，又是方便快捷的传媒，充分利用好这一取之不尽、用之不竭的资源，可以试试以下的方法。

为孩子订几份免费电子刊物。许多少年网站和报刊都有免费的电子刊物，其内容与正式出版的报刊相差无几。

固定几个较好的少年网站。查找几个内容较好的少年网站，放到收藏夹中作为让孩子浏览的固定站点。

引导孩子在网上看电子书。许多网上书屋支持在线阅读，指导孩子读一些比较适合的书，如中外名著、人物传记、政治军事等。

怎么教育孩子正确处理网络人际关系

随着电脑、手机网络的迅速扩张和强力渗透，上网就像看电视、玩手机一样成为普通人司空见惯的生活内容之一。电脑、手机网络作为一种新型的信息传播和人际交往工具，正在改变着现代人的生活方式，并且对人们的学习、工作、生活和心理健康产生着越来越重要的影响。就目前情况来看，电脑、手机网络对学生心理健康的影响涉及积极和消极两个方面。积极影响主要表现在建立良好的人际关系、情感宣泄、普及心理健康知识、提供心理健康援助和提高正常人的心理健康水平等方面；消极影响主要表现在某些由电脑网络引发的心理障碍、情感冲突和安全焦虑等方面。

露露第一次在一个综合BBS上注册了自己的ID，叫"亲亲小精灵"，好奇的露露开始浏览各个板块的帖子，发现有一个ID为"不知道"的人发了一个标题很过分的帖子——《现在的小学生真差劲》，露露已经小学六年级了，看着这个标题不禁生起气来。

她点开帖子发现里面主要说了现在有的小学生坐公交车和地铁不给老人让座的现象，心想这个人真讨厌，于是就回复说："你才差劲呢！你连小学生都不如！"

结果在帖子里很多人都开始"拍"露露的ID，甚至有条回复说："就是因为有你这样的小学生存在，大家才会觉得小学生差劲！"

露露伤心地找到爸爸，说明事情原委。爸爸思考了一下，指导露露对帖子再进行一次回复："大家好，我第一次进入网络社区，看到帖子的标题就忍不住生气了，我没有控制好自己，在这里向楼主和其他网友道歉，但素质差的小学生我认为毕竟是少数，希望大家多多体谅并指导我们,谢谢。"

下面的网友接受了露露的道歉,并且还有人说:"知错能改,善莫大焉。"从今以后,"亲亲小精灵"成了版面最活跃的分子之一,真正成为大家的"可爱小精灵"。

网络社会中的人际关系,就是以网络和数字信息为媒介,实现人—机—人的互动基础而形成的人际关系。父母要帮助孩子适应网络人际关系,更多的是要提防网络中的虚假信息和骗子。

1. 认识网络社会

网络是一个借助虚拟介质进行现实生活的模拟式社会。一个现实中的人可以化作一个或数个ID,在这里展开自己的各项社会活动,包括交往。网络由形形色色的人组成,由于网络的开放性和即时传播效应,一些活跃的人往往就容易成为网络社会中"最活跃"的因素。

2. 网络帮派

网络上存在着亲戚论坛、同盟论坛和潜在"敌人"论坛,这些论坛大多自成帮派,拥有自己的理念和系统,也在不时地影响ID们的交往逻辑。

3. 不同的交往观也是不同网络观的体现

网络上充满诸多言论,大多以帖子和微博等形式出现,尤其帖子是网络(主要是BBS)上的交往形态,帖子宣扬了"楼主"(LZ)的言论,跟帖中有捧有砸,孩子在表达自己意见的同时,也要考虑到其他网友的感受。

4. QQ、微信和五花八门的聊天室

网络交往呈现进一步的现实化趋势——QQ或微信交往、电话交往、"见面"交往,私密化和个性化的发展确保人们可能以网为媒找到一个又一个的"现实朋友"。但父母应当告诫孩子尽量不要与网友见面。

5. 总会进入一个小圈子

网络交往或网上人际关系可以起到增添生活乐趣的作用。"朋友"多了,

一个无形的势力圈随之形成。你的帖子有人捧了——点击、跟帖、入精、读评，因为相互接纳，你的归属感油然而生。从庸俗的一面讲，朋友的增多意味着一个小帮派的形成，而孩子也会在这个小圈子里受到影响，父母要关注孩子的网络人际关系，引导孩子进入一个健康向上的圈子。

6. 网络上的爱与恨

有人的地方就有爱与恨的纠葛，网络上就更不例外了。在孩子上网初期，父母就应当告诫孩子，要控制在网络关系上投入的感情，因为毕竟网络是虚拟的。一旦孩子开始投入感情，父母只能竭力遏制其往现实方面发展。任何时候父母都要明白，孩子的安全永远是第一位的。

孩子在网吧彻夜不归怎么办

如果要问："孩子什么行为最令你恼火？"恐怕很多家长一时间不知如何作答，但如果我们提供一个答案，大家可能马上就会认同——孩子在网吧玩游戏彻夜不归。为什么父母对这一现象会如此恼火呢？

首先，孩子在网吧彻夜不归很大程度上是由于沉迷于网络；其次，孩子沉迷于网络，如果能分清白天和黑夜，分清网吧和家，父母可能也不会那么愤怒，可孩子偏偏夜不归宿，让父母看不见人，甚至找也找不到。试想一下，如果你的孩子是这样，你能不恼怒吗？

"我当时真想砸烂所有网吧。"这是福建的张先生在网吧找到彻夜不归的儿子，怒砸电脑显示器后说的话。随后，他打电话自首，称"有人在网吧砸电脑"。

张先生的儿子晓楠14岁,为了方便晓楠学习,忙于经营公司的张先生在学校附近租了套房子。可住下之后,连续几天张先生晚上回家,都不见晓楠的踪影。

张先生多次半夜出来寻找儿子,骂也骂了,打也打了,儿子晓楠也多次发誓不再夜不归宿,沉迷网游。张先生以为儿子就此"改邪归正",可是没几天儿子又夜不归宿。那天早上,张先生对儿子说:"今天爸爸要出差,晚上可能不回来,你在家照顾好自己,晚上把门锁好!"

可那天办事顺利,张先生晚上赶了回来。回到家时,已经是晚上11:50了,可儿子不在家。张先生马上意识到儿子去网吧了,于是找到那家熟悉的网吧,找到了儿子,砸掉了电脑显示器……

当然,张先生的做法并不妥当,其他家长也不要效仿,但是从这件事上可以感受到张先生对儿子沉溺于网络的愤怒情绪。

当孩子网络成瘾时,就如同染上了毒瘾,有时候甚至不受自我控制,完全被"瘾"操控。那些沉迷于网络游戏,且经常彻夜不归的孩子,恐怕就属于这种情况。

面对孩子的网瘾,作为父母,经常感到很无奈。看着孩子的学习成绩不断下滑,看着孩子身体日渐消瘦,父母既着急又心疼,难免有控制不住情绪的时候。

然而,任你怒火中烧、暴跳如雷,孩子依然表现出一种"死猪不怕开水烫"的无所畏惧。你批评教育我,我就低头听;听完了,我还是继续我行我素。

在这种情况下,父母对孩子肯定会越来越失望,见到孩子就会表现出"一脸嫌弃"。自然,孩子也不想在父母眼前闲晃,免得招父母烦,这就更容易驱使孩子去网吧。

那么，难道玩游戏上瘾、彻夜不归的孩子就没救了吗？当然不是，到底该怎么教育这样的孩子呢？

1. 改变，从你看孩子的眼神开始

父母错误的教育方法，如同一双无情的双手，将孩子推出家门、推离自己。要想改变这种状况，父母一定要做出改变，而且从改变你的教育方法、改变你看孩子的眼神开始。千万不要因为孩子迷恋网络游戏就看不起他、对他表现出无尽的失望，整天指责他，而要相信孩子的内在力量能够带给他改变的勇气。

2. 关爱，从把孩子视为受害者开始

很多父母认为，孩子沉迷网络，成绩下降，白费了父母的心血，让父母成为受害者。殊不知，孩子沉迷网络，其实他们自己才是真正的受害者。因此，孩子需要的是关爱，而不是指责。况且，有的孩子之所以沉迷网络，是因为在家里感受不到关爱，才在虚拟的网络世界寻找内心的慰藉。所以，关爱孩子才是最关键的。

晓峰是一名初三男生，最近由于沉迷网络，他的学习成绩出现了一些下滑。爸爸感到很担心，但并没有指责他，而是跟他分析当前的形势："儿子，你马上就要中考了，考上重点高中，对你高中阶段的学习有很大的帮助。爸爸妈妈希望你暂时少玩游戏，把精力放在学习上，等你考上了高中，如果还想玩网游，到时候爸爸陪你玩！"

虽然晓峰没说什么，但爸爸的话对他还是有触动的。同时，每到周末，爸爸妈妈就会带晓峰接触大自然，比如，爬山、垂钓、郊游，领略不同地方的风土人情，到那些生活较为贫困的地区走一走。在这个过程中，晓峰意识到了自己是幸福的，应该珍惜现在的

美好生活。

由于周末休息得好，身心得到了放松，加之与网络游戏的接触少了，慢慢地，晓峰从网瘾中走了出来，他变得发奋起来，学习成绩有了很大的提升。

父母可以营造一种轻松愉快的家庭氛围，通过改变家里的布局，改善夫妻的关系，增加与孩子的沟通，多给孩子一些陪伴。比如，周末带孩子去郊游，陪孩子运动，与孩子商量晚餐吃什么等，从而拉近与孩子的距离，让孩子减少与网络游戏的接触时间，并感受到家庭的爱与温暖。

3. 鼓励孩子用做家务的方式换取上网时间

陈女士的女儿上初一，她对孩子迷恋网络游戏，没有采取强硬的管制措施，而是与女儿商量：每周只有周末能上网，每天上网两个小时。如果想增加上网时间，可以做些简单的家务来换取。比如，洗碗、拖地、洗简单的衣物等，每做一件家务，可以换取20分钟的上网时间。在这个过程中，陈女士将女儿对网络游戏的注意力转移到了家务上。慢慢地，孩子就不再那么迷恋网络游戏了。

通过转移孩子注意力的办法，减轻孩子的网瘾，不失为帮孩子戒除网瘾的有效举措。陈女士的做法既能锻炼孩子做家务的能力，又能缓解孩子的网瘾，可谓一举两得，非常值得大家借鉴。

与时俱进，做个潮流父母

由于青少年的心理还不够成熟，自制能力弱，猎奇心强，所以，上网时容易误入歧途。因此，许多父母干脆严禁孩子上网。这似乎又走到了另一个极端。简单粗暴地禁止孩子上网，其潜在的负面作用，可能比上网的危害更大。

据报道，某城市一位姓刘的妈妈在孩子上网问题上就曾有过切肤之痛。每天到网吧找孩子，几乎成了她生活中的一部分。她采取过防、管、骂，甚至打的办法，但结果都收效甚微。

有一次，孩子为了上网还偷走了家里的200多元钱。后来，男孩的一则日记让刘女士改变了教育方法。无意中，她在孩子的日记中看到："妈妈，其实我知道自己不好，我不该惹你生气，我上网并不是为了贪玩，主要是因为新奇。家里没电脑我就去了网吧，以前我很少玩游戏，主要是看些汽车图片、视频和电影，但后来你管得太严了，我就赌气打游戏。"从此以后，刘女士改变了主意，常常与孩子聊天，谈网络上的健康内容，并给孩子买来两本计算机方面的书，还购置了一台电脑，陪孩子一起玩儿。当网络变得触手可及时，孩子反而不那么迷恋上网了。

作为当代人，如果不懂上网，则与文盲无异。如果父母不但自己不上网，而且还反对孩子上网，那就等于是生活在现代社会却硬要让孩子拒绝现代文明，这无疑是一种愚昧的做法。

父母引导孩子上网的前提是，自己也应该学会上网。全国优秀教育工作者李镇西在他的著作《做最好的家长》中写过这样一段经历。

  现在许多父母都为孩子迷上网络而发愁，我却硬是把女儿拉上了网。而我之所以上网，则完全是因为我的学生的鼓动！没上网之前，总听人说网络是一个虚拟世界，什么都是假的。所谓"听人说"其实主要是"听"报纸上"说"——时不时有报纸说谁谁在网上被骗了，甚至还有姑娘因"网恋"被骗而自杀！这让我对网络世界有了些恐惧感。我这把年纪的人当然不会"网恋"，但把精力抛洒在"虚拟世界"里，这损失却是实实在在的。所以，虽然用电脑写作已经四五年，但我一直拒不上网。不过当我开始了自己的网络生活时，却发现完全不一样。

  先是试着看网络新闻，然后开始发邮件，接下来又开始在论坛闲逛。网络开始改变我的生活。半年之后，我渐渐把精力集中于教育专业论坛"K12"，并担任了其中班主任论坛的版主。围绕"决不培养告密者""教育究竟是什么艺术""什么是真正的爱国""班主任工作的信念从哪里来""质疑三好生""班主任的崇高与平凡""解放班主任""后进生的提法是否妥当"等热点话题，论坛上掀起了一阵又一阵论辩的风暴，这种思想的风暴持续不断地延续着。透过这些激烈的论辩，我深深地感受到，在中国有一大批班主任同时又是严肃的思想者，他们或许现在仍然默默无闻，但他们的确是中国教育的骄傲！可以说，论坛的魅力在很大程度上就是思想的魅力。

  教育部曾有一位司长说，教育在线网站是中国最大的网上教师培训基地。作为这个培训基地的组织者之一，我每天都在感受着教师们成长的故事，同时也在网友们的影响下成长着。网络对我来说，决不仅仅是休闲方式，也是一种学习方式和工作方式，更是一种交往方式，或者说网络就是我生活中不可缺少的一个部分。

当我们急切地想阻止或指导孩子上网的时候，我们应该问问自己："我自己是不是上网？"

几年前，我曾对记者说过这样的话："如果教育者（父母和教师）不上网，就没有资格去指导孩子上网！"现在我依然这样认为。

在数字时代，父母和老师们面临的是再次社会化的问题。如果有人拒绝，他就没有资格讨论如何用好的东西影响孩子。现在的问题不应是让不让孩子触网，而是如何使网上有益的内容利于孩子的健康发展。

对于铺天盖地而来的网络大潮，父母真的束手无策吗？北京某学校的阎老师说，自从他把自己的QQ号码和微信号码公布给学生后，突然发现与学生的沟通变得容易了，和学生的关系变得密切了。他把这种方法推荐给学生父母，以前与孩子难以沟通的父母也尝到了使用网络的甜头。

比如，父母可以从与孩子聊天的过程中，了解到他的心理，帮助他疏导情感。父母还可以在孩子心情不好的时候，匿名与他在网上聊天，这时，孩子是很容易让陌生人接近的。如果孩子在网上跟你讲一些秘密，父母也同样可以给孩子讲一些自己的秘密，这样，即使以后孩子发现父母的真实身份，也会因为父母的平等民主的态度而化解。如果孩子在QQ或微信上跟父母聊了敏感的话题，比如，早恋、性等，不管孩子怎样进行描述，父母都不要发火，应该耐心引导。因为这是孩子信任父母的表现，千万不要失去良好的教育机会，从而造成孩子对敏感话题的误解。

如果孩子发现了父母的真实身份，父母一定要勇敢承认，告诉孩子自己只是想跟他交朋友，从而取得孩子的谅解与信任。

第六章

父母巧妙引导，孩子就会爱上学习

学习，是孩子成长中最重要的事情，也是很多孩子和父母矛盾的导火索。遗憾的是，仍然有很多家庭没有找到科学的学习方法。比如，怎样提高孩子各学科的成绩？怎样应对孩子厌学、逃学的现象？怎样帮助孩子克服考试焦虑？怎样看待孩子的分数？……这些都是父母的必修课。父母掌握一定的教育方法和技巧，就会让孩子轻轻松松爱上学习。

学习原来这么好玩儿啊——让孩子带着兴趣去学习

学习是一个人接受教育、认识世界、探索未知的过程。兴趣是推动人学习的内在动力，当一个人对某一事物发生强烈的兴趣时，就会注意力集中，思维积极活跃，从而快速接受外界的教育。

培养孩子的学习兴趣，就是利用一切媒介，使他们的眼、耳、口、手、脑活动起来，参与到认知活动中，最大限度地调动良性情绪，在轻松快乐的环境中，和谐地认识世界，理解社会；并能够发现问题，尝试解决不和谐因素，保持积极进取、服务社会的健康心理。

孔子说："知之者不如好之者，好之者不如乐之者。"就是说，知道它的人不如喜好它的人，喜好它的人不如以它为乐的人。爱因斯坦也说："对一切人来说，只有热爱才是最好的老师。"历史上许多科学大师、文坛巨匠以及在各领域中获得成功的人才，多数都是从兴趣爱好起步的。

那么，究竟应该如何培养孩子的学习兴趣呢？

1. 创造学习环境和氛围

如果孩子对某些事物接触多了就容易引起兴趣，这就需要父母积极创造一个适合激发孩子兴趣的家庭环境。

物理学家、天文学家伽利略的父亲是位数学家，父亲的刻苦钻研使他从小对数学耳濡目染，进而对数学产生兴趣，而且非常着迷。他如饥似渴地阅读父亲收藏的数学著作，并且经常和父亲讨论一些数学上的难题，最终成为一名著名的科学家。

2. 增强学习快感

科学家杨振宁曾谈到自己的体会："上海一家杂志写了一篇文章，介绍我的生平。文章有一个小标题叫作终日计算，沉思苦想。没有征求我的意见，我不同意，尤其不同意这个'苦'字，什么叫苦？自己不愿意做，又因为外界压力非做不可，这才叫苦。做物理学的研究没有苦的观念。物理学是非常引人入胜的，它对人的吸引力是不可抗拒的。如果一个人觉得研究很苦，他应该考虑他是否选择对了方向，是否应该再搞下去。"

学习很苦的话，孩子肯定不乐意去学习。学习若能给孩子带来快乐，那么他们一定会喜欢学习。所以，父母要想办法让孩子乐学、好学。

3. 明确学习目的

优秀父母的经验证明：学习目的的教育应该联系孩子的思想和实际，坚持耐心细致的正面教育，通过生动形象、富有感染力的事例，采用多种多样的形式，把学习目的与生活目的联系起来，这样才可以收到良好的效果。例如，孩子对背英语单词不感兴趣，但对学好英语后可以用英语交流，参加各项英语活动等结果感兴趣，这种兴趣就可以促使孩子积极地参与背单词的活动。所以父母既要充分利用孩子的直接兴趣，激发其勤奋学习，更要通过学习目的来引导孩子增强学习兴趣。

4. 参与各种学习活动

让孩子参加各种兴趣班的活动小组或外出郊游、参加社会实践活动等，让他在活动中通过发现问题而产生好奇心。有的父母认为自己的孩子学习劲头本来就不高，再参加兴趣小组会分散更多的精力，就不准他参加其他的活动，这种做法恰恰是放弃了引发孩子学习兴趣的好机会。

5.利用孩子的好奇心，培养学习兴趣

孩子都具有好奇、好问、好动的特点，父母要尊重、保护和正确引导孩子的好奇心。若父母对孩子采取批评、冷淡、不理睬的态度，就会挫伤他求知的积极性，因此父母应充分利用这些特点来激发孩子的学习兴趣。对孩子的提问要及时地回应，如果不会则可告诉他如何查询，或者弄明白后再告诉他。

6.寓教于乐

有人说游戏是最好的学习方式，这话很有道理。

有一个苏联教育家给学前班的孩子上课。他准备了一个"发言球"，从讲台抛出去，问孩子们："二加三等于几？"哪个孩子接到球，哪个孩子就说出答案，孩子们学得很高兴。

听课的老师有的就不理解，说：你这不是多费一道"手续"吗？直接提问不就可以了吗？要什么"发言球"？

教育家回答说："没有'发言球'，当然也可以提问，但是孩子也没有了愿望。"

这就是游戏的魅力，只要是孩子，就无法克制对游戏的向往。其实对大人来说，游戏也具有十足的诱惑力。孩子不喜欢学习，喜欢玩游戏，大人其实也是喜欢游戏更胜于工作的。

如何帮助孩子制订有效的学习计划

"凡事预则立，不预则废。"一份有效的学习计划不仅可以帮孩子明确学习目标、合理安排时间，还能增强孩子学习的自觉性和积极性，提高学习效率。

日本量子化学家福井谦一上学时，化学考试经常不及格，他曾经差一点儿为此而放弃学业。后来，在父亲的鼓励下，他制订了一份有效的学习计划，从头开始学化学，把不懂的知识补上来，化学成绩也由不及格变为及格直至优秀。1981年，他获得了诺贝尔化学奖。

学习计划的重要性，从福井谦一的成功例子中可见一斑。对于10～16岁的孩子来说，培养其学习的计划性，不仅有利于提高他们的学习效率，还能帮助他们培养良好的自学能力。

遗憾的是，很多家长却认为制订学习计划是孩子和学校的事。家长虽然会根据学校要求，督促孩子制订学习计划，但能够与孩子一起制订学习计划的并不多。身为家长，应该认识到孩子由于自我认识及自我约束能力不强，在制订学习计划方面还缺少经验，所以，适时地帮孩子制订学习计划是很有必要的。

通常来说，一份有效的学习计划大致包括三个方面的内容。

1. 引导孩子对自己的学习状况进行全面分析

虽然孩子每天都在学习，但有很大一部分孩子没有想过"我是怎样学习的"这个问题。因此，在制订学习计划时，首先应该引导孩子分析自己的学习状况。

（1）让孩子分析自己的学习特点

让孩子仔细回顾一下自己的学习情况，找出自己的学习特点。比如，有的孩子记忆力强，学过的知识不易忘记；有的孩子理解力好，老师讲一遍就能听懂；有的孩子思维敏捷，作业完成速度快。让孩子根据自己的学习特点，有的放矢地制订学习计划，才能事半功倍。

（2）帮孩子分析他自己的学习现状

在帮孩子分析他的学习现状时，父母可以让孩子先横向地与同班同学进行比较，确定他的各科成绩在班级中的水平，通常用"好""较好""中等""较差""很差"来评价。再让他纵向比较现在的成绩和过去的成绩，看看是否有进步，通常用"进步很大""有进步""差不多""小退步""大退步"来评价。

2. 帮孩子制订一个"跳一跳，够得着"的学习目标

孩子没有学习目标，就像断了线的风筝，不知道飞翔的方向，这是对时间极大的浪费。因此，在指导孩子制订学习计划时，学习目标一定要适中。所谓适中，就是孩子经过努力，能够达到的目标，即"跳一跳，够得着"。目标太高或太低，都不利于激发孩子的学习动力。

目标除了适中之外，还应该明确、具体。明确，指的是学习目标要便于对照和检查。比如，孩子将学习目标定为"每天进步一点点"，这就很不明确。怎样才叫进步一点点？很难衡量。如果把目标设为"做完老师布置的作业后，每天课前预习、课后复习，确保每次考试，各科成绩在班级前15名"，这样孩子是否达到目标，就有一个量化的标准，就可以通过考试成绩来直观地对照检查。

还有，在实现目标的过程中，要细化到具体可操作的事项上。比如，只是将目标设定为每次考试各科成绩进入班级前15名，孩子可能不知道从何下手去完成这个目标。但若加上具体的行动事项，比如，每天额外做5道题，阅读3篇文章，朗读20分钟英语，这样孩子就知道怎么去做了。

3. 帮孩子制订一张作息表，科学安排学习和休息时间

确定了学习目标之后，父母还应帮孩子制订一张作息表，科学安排孩子的学习和休息时间。科学安排孩子的时间，要遵守三个原则。

（1）全面

既要考虑孩子的学习，也要考虑到他的休息和娱乐；既要考虑到课内学习，还要考虑课外学习。不仅要平衡各科目的学习时间，还要有效地搭配起来学习，以减少学习给孩子造成的疲劳感。

（2）合理

要充分利用孩子每天学习效率最高的时间段。比如，有的孩子早晨头脑清醒，有的孩子晚上学习效果好。父母应帮孩子找出最佳的学习时段，让孩子充分利用这个时段的时间，最大限度地提高学习效率。

比如，孩子早晨头脑清醒，那可以适当让孩子早起一会儿，把早上的时间用来背诵和记忆。这样孩子晚上学习任务就少了，可以早点儿休息。如果孩子晚上学习效率高，那可以让孩子早上多睡一会儿，晚上适当延长学习时间。这样的时间安排更加合理，有利于孩子劳逸结合，且可以做到学习效率最大化。

（3）弹性

计划一定要有弹性，给孩子安排学习时间也要注意保持弹性，切勿把一天的时间排得太紧太满。比如，有位家长把晚上7点到10点全部定为孩子的学习时间，可是孩子长时间学习，很容易感到疲劳。10点之后，又匆忙地洗漱，然后睡觉，没有一点儿娱乐休息时间。结果，孩子不到一周就放弃了这个学习计划。所以，家长给孩子安排时间时不要太贪心，要保持弹性。否则，计划执行不下去也是没意义的。

最后，订了计划就一定要执行，为了使计划不落空，家长应对孩子计划的实行情况定期检查、督促。可以制订一个计划检查表，把什么时间完成什么学习任务、达到什么进度等列成表格，完成一项就打"√"。根据检查结果对孩子进行奖励，强化孩子按计划学习的动力。

怎样帮助孩子养成良好的学习习惯

有人说:"给孩子金山银山,不如让孩子养成好习惯。"习惯决定孩子一生,这句话怎么强调都不为过。家庭教育的核心就是培养孩子健全的人格,而最有效的途径就是从培养孩子的习惯做起。同样,要想孩子爱上学习,取得好成绩,父母就应该把培养孩子良好的学习习惯作为重要的一堂课。

那么,父母应该帮孩子养成哪些学习习惯,又该怎样帮孩子养成这些习惯呢?

1. 惜时的习惯——和孩子商量拟定一周的作息时间表,培养孩子科学的时间观

常言道:"时间就是生命!""时间就是金钱!"成功者都有强烈的时间观念,他们懂得科学有效地利用时间,提高工作效率,提高自身价值。对孩子来说,养成惜时的习惯,他们才会远离拖延症,好好学习。

要想培养孩子科学的时间观念,父母可以和孩子商量制定一周作息时间表,大家一起遵守这个时间表。这样可以让孩子明白在什么时间应该做什么事,合理地安排学习和生活,保证学习和生活井然有序。

儿子马上就要上中学了,为了让儿子合理地利用时间,赵先生一家三口召开了一次家庭会议,一起拟定了孩子每周的作息时间表:

6:50——起床、刷牙洗漱、吃早餐、收拾书包;

7:30——出发去学校(赵先生家距学校步行不到10分钟路程);

11:45——放学回家吃饭;

12:40—13:15——午休;

13:20——去学校；

17:30——放学、回家先写作业；

18:30—20:00——吃晚饭，稍事休息，可看电视或上网；

20:00—21:30——学习时间。如果当天作业未完成，饭后继续做作业，如果作业已完成，预习第二天功课和复习当天课程内容以及阅读课外书籍。在这个时间内，爸爸妈妈也要看书看报，或加班完成白天尚未完成的工作，全家人一起学习。

21:30—22:00——洗漱，准备睡觉。

以上是周一到周五的时间安排，到了周末，优先完成作业，剩下的时间，孩子自由支配，充分休息。

通过这个作息时间表，孩子可以明白专时专用、珍惜时间、讲究效率的道理。同时，又能做到劳逸结合。比如，每天坚持午休，周末尽情放松等，都可以防止孩子由于学习过度劳累，造成身心疲惫，甚至产生厌学情绪。

生活中，有些父母过度要求孩子学习，恨不得让孩子每天都坐在书桌前看书、做作业。这样反而很容易造成孩子学习磨蹭、不讲效率、拖延时间，最后产生厌学情绪。这样的学习是没有效率的，也是毫无意义的，更不利于提高孩子的学习成绩。

2. 预习的习惯——监督孩子养成课前预习的习惯

要想学习成绩好，课前预习少不了。有了预习，就等于为课堂听讲做了准备，这样可以提高听讲的效率。就算老师讲课的进度快一点儿，因为有了之前的预习，孩子也能跟上进度，学得更多，更牢靠，从而达到理想的效果。为了帮孩子养成预习的习惯，最开始父母可以监督孩子去预习，直到孩子养成预习的习惯。

3. 复习的习惯——监督孩子养成课后复习的习惯

"温故而知新，可以为师矣。"这个道理父母和孩子都懂。因为课堂时间只有短短的40多分钟,大多数孩子很难完全消化所有的知识,而课后复习有助于孩子巩固课堂所学,更好地掌握知识点,有助于孩子提高学习成绩。为了帮孩子养成良好的复习习惯,父母可以监督孩子去复习,直到孩子养成复习的习惯。

4. 钻研的习惯——引导孩子养成独立思考、认真钻研的习惯

学习最忌讳的是一知半解、浅尝辄止。要想学习好,必须养成独立思考、认真钻研、务求甚解的习惯。

姜女士根据孩子的作息时间表,安排孩子每周六、周日都有1个小时的时间看电视,看的节目大多都是科教频道、少儿频道的节目。他们边看边与孩子探究其中的奥秘,引导孩子领悟其中的知识,给孩子搭建刨根问底的平台,使之产生钻研的动力,养成提问的习惯。

此外,在做作业解题时,当孩子遇到了不懂的问题,姜女士总会先给孩子思考的空间,而不急于给出答案,或打个比方,或让孩子把题多读几遍,或设置几个小问题作为铺垫等。总之,要让孩子充分开动脑筋思考。这样一次次地引导,孩子爱上了思考,从思考解题中找到了乐趣,获得了成就感,也慢慢养成了爱思考、爱钻研的习惯。

姜女士的做法值得每一位家长学习。无论是学习中的难题,还是生活中的难题,父母都应先鼓励孩子思考。若孩子找不到思路,再给孩子适当的引导和启发。切勿表现出不耐烦,也不能马上告诉他答案。另外,在解题方面,父母还可以鼓励孩子拓展思维,一题多解。

5. 请教的习惯——鼓励孩子不懂就问,切勿不懂装懂

请教是一种好习惯,不只是在学习上,在生活和将来的工作中更应如此。善于请教的孩子,比不爱请教的孩子能掌握更多的知识,学到更多的智慧。因此,父母应鼓励孩子不懂就要问,告诫孩子:不懂装懂要不得!

比如,让孩子把学习中遇到的难题记录下来,以便向老师请教,向同学请教。另外,学习和生活是分不开的,孩子在生活中遇到了问题,家长也要鼓励他随时向周围人请教,这样更有利于孩子养成请教的习惯。

6. 检查的习惯——让孩子主动检查,告别马虎大意

很多孩子做完作业不愿意检查,他们认为没什么好检查的,检查作业是浪费时间。正是这种误解导致他们作业中出现了差错而不自知,考试中马虎大意、轻易丢分,影响学习成绩。因此,培养孩子检查的习惯很重要。

12岁的张岩还有一个学期就要小升初了,可他有个毛病——马虎大意,经常解题出错。每次妈妈提醒他检查时,他就说:"我已经做得非常认真仔细了,不会出错的,有什么好检查的。"可结果呢?还是出了差错。

爸爸为了让他明白检查的重要性,从老师那里找了两套难度相当的试卷让张岩做。第一套试卷做完不给张岩检查的时间,第二套试卷做完坚持要求张岩自己检查。然后,把这两套试卷交给老师阅卷。

结果,没检查过的那套试卷因马虎大意丢分较多,而另一套做完检查了的试卷则丢分较少。由此,张岩明白了检查的重要性。

后来,在爸爸妈妈的督促下,张岩养成了主动检查的习惯,他的成绩也有了较大的提升。

养成认真检查的学习习惯,不仅仅是为了找出粗心大意而答错的题,更是一种严谨的学习态度。这种态度对孩子今后做事、工作都有益无害。所以父母要从小培养孩子认真检查的习惯,耐心提醒,长期监督。

语文——提高学习兴趣是关键

语文不仅仅是一门学科,也是人们培养思维能力的工具。因此,学习语文不仅仅是为了更好地进行社会交流,也是为了培养孩子的思维和思考能力。

小学高年级是孩子思维方式由形象思维向抽象逻辑思维转变的过渡期,无论从心理发展还是学习习惯养成等方面,都在小学阶段起着承上启下的作用。这一阶段语文学习的内容也由词句向篇章过渡,这与此阶段孩子的思维特点也是相适应的。

进入初中以后,语文字词的学习相对减少,学习的重点在于语法和阅读分析方面,当然写作也对孩子提出了更高的要求。另外,从初中一年级开始,文言文的学习被提上日程,文言文的词句相对于白话文来讲更难理解,家长一定要在孩子学习文言文方面多加关注和辅导。总之,进入初中以后,相对于小学阶段主要学习字、词、句等基础知识而言,初中阶段更着重培养孩子的理解分析、语言表达能力。

与初中阶段相比,高中语文内容更加广泛、丰富,知识性更强,系统性更强。小学、初中语文较注重学生感性的认识和积累,高中语文学习的要求已上升到能够对有关内容进行知识性、系统性的理解和领悟,将感性认识上升为理性认识,将学习中的问题通过知识体系来解决。这就要求学生不仅要具备一定的理解能力,还要具备一定的鉴赏能力。

具体而言,家长可以从以下几个方面入手,帮助孩子掌握语文学习的方法。

1. 让孩子学会积累字词和语句

如果说语文学习是建房子,那么词汇和语句就是水泥和砖头。要想学好语文,积累足够的字词和词句是必不可少的。字词的积累是一个长期的过程,父母平时要有意识地引导孩子。孩子看电视的时候,如果听到好的语句，父母可以带着孩子重复念几遍；在孩子阅读各种书籍、报刊、画册的时候，遇到好的句子、词语，鼓励孩子记录下来；平时和孩子一起做一些积累词汇的游戏，如成语接龙、古诗词接龙、造句比赛等。

这里需要父母注意的是，在帮助孩子积累词汇的过程中，要尽量将这一过程进行得轻松，千万不要让孩子觉得这是一项枯燥的任务。平时要将各种词汇放到语境中，不要让孩子死记硬背。比如说，孩子在学习成语的过程中，可以先跟孩子讲讲成语的典故，然后告诉孩子这个成语现在的意思是什么，最后塑造一个情境，告诉孩子在这种情境下就可以使用这个成语。

2. 注意孩子阅读能力的培养

自学能力是学习能力中的一种重要能力，而阅读能力的好坏则直接决定自学能力的高低。因为孩子如果不会阅读，不会运用自己的思维考虑问题的话，就很难领悟到知识的精华部分，进而不能进一步提高自己的学习能力。因此，父母应该根据这一时期孩子的心理和生理特点积极培养孩子的阅读兴趣，提高其阅读能力。

父母在培养孩子阅读能力的过程中，注意不要对孩子的阅读方式、方法管得太死，不可过早地限定孩子的阅读范围和阅读内容，而应把阅读选择的权利交给孩子自己，尽可能为孩子提供轻松自由的阅读环境。同时父母还应尽可能多地和孩子在一起看书，做孩子的阅读榜样，并且可以经常与孩子在一起交流读书的方法和心得，鼓励孩子把书中的故事情节或具体内容复述出来，把自己的看法和观点讲出来。

3. 培养孩子的听说能力

听和说是一个人很重要的两种能力，也是学好语文的重要前提条件。能够认真倾听的人可以获得比别人更多的信息，表达能力较强的人能够更好地表达自己的观点。听与说的能力是语文学习中需要重点培养的能力，父母可以结合语文学习，同步提高孩子的听说能力。

培养孩子的表达能力，需要父母在日常生活中多鼓励孩子说话、表演、演讲等，给孩子创造说的机会，培养孩子的自信心。当孩子说得不清楚时，父母可以和孩子一起整理思路，让孩子重新组织语言，再说一次。这里需要强调的是，在这样做之前不要批评甚至责怪孩子，这样孩子才不会产生胆怯心理，才会愿意说。当孩子读书或看电视有了新感受时，父母要鼓励孩子与自己分享这些感受，让孩子愿意与父母交流。时间长了，孩子的表达能力就会有明显的提高。

4. "五多训练法"，让孩子的作文水平快速提高

对于孩子写作能力的培养，父母首先要做的是培养孩子写作的兴趣，这是最重要的！当孩子对写作产生兴趣之后，就可以使用一些有效的学习方法，锻炼孩子的写作技巧。对于作文训练，现在公认最有效的学习方法，就是被广泛采用的"五多训练法"。

多看和多说：看和说是语文学习的前提，因此，父母要有意识地锻炼孩子认真看和清晰说的能力。可以用提问的方式，培养孩子的观察和描述习惯。比方说，带孩子去参观博物馆，看到一个文物，父母可以问孩子："这个文物是什么？""它是哪个年代的，用来干什么的？"等。孩子在回答这些问题的过程中，就会逐渐养成正确的观察方式和表达方法。

多写：美国一位研究者在研究了世界上很多天才之后得出一个结论——任何天才都是训练超过10万小时的人。其实不管任何事情，都是一个熟能生巧的过程，写作也不例外。父母平时要帮助孩子养成记录的习惯，鼓励孩子将自己遇到的、听到的、看到的或者心里的感受、情感、观点写出来，并不一定非要严格遵守作文的结构，有时候即使是几句话，也要鼓励孩子写出来。

多想：好的作文，不但要有生动的描述，还要表达一定的思想。可能孩子的思想不够成熟，但是父母仍要鼓励孩子大胆地去想，这样不但能够提高孩子的作文水平，而且对孩子的未来成长也非常有利。

多改：孩子写好作文之后，父母可以和孩子一起修改作文，在修改的过程中，要多鼓励和引导，少责备。

数学——找到"窍门"是关键

数学是一门实践性非常强的学科，不但具有广泛的应用性，而且更重要的是，数学对于孩子思维的锻炼具有很重要的作用。

小学高年级，孩子的抽象思维能力开始快速发展。这一阶段，数学教学要求孩子能够用数学的思想去解决、解释和表达事物的数量关系、空间概念；要求孩子具有用数学工具解决具体问题的能力，要求孩子有一定的抽象思考能力。

初中阶段，孩子的数学学习需要掌握一定的数学技巧，真正地理解数学思想，只有这样才能学好数学。总体而言，父母要帮助孩子尽快适应新的数学教学要求，主要是帮助孩子养成三个数学学习习惯，即：养成课前预习和课后复习的习惯，养成思考和分析数学问题的习惯，养成以数学思维解决数学问题的习惯。父母在平时辅导孩子学习数学的过程中，要更加注重引导孩子掌握有效的学习方法，形成良好的学习习惯，维持孩子的学习热情和探索的欲望，这些对孩子今后的学业能否成功是非常重要的。小升初以后，由于数学学习的难度明显增加，很多孩子一下子难以适应，数学成绩下降很快，很大程度上都是因为父母没有及时引导孩子学会正确学习数学的方法和养成良好的数学学习习惯。

而高中阶段的数学学习难度更大，数学语言更加抽象，思维方法更趋向于理性，知识内容整体数量剧增，知识的独立性也更强。由于难度的加大和父母自身条件的限制，这一阶段父母对孩子的数学辅导可能会心有余而力不足。不过，没关系，父母在这一阶段除了对孩子进行力所能及的辅导外，更重要的是注重提高孩子的自学能力，这对孩子高中阶段的数学学习至关重要。

总之，兴趣是最好的老师。如果父母没有正确引导孩子的数学学习，导致孩子在数学学习上遇到过多困难，就会打击孩子数学学习的自信心，甚至有可能会导致孩子对数学学习产生恐惧、逃避心理，这对孩子日后的学习会产生很严重的影响。

数学具有很强的应用性。因此，家长可以启发孩子利用所学的数学知识解决实际生活问题。这样不但能够帮助孩子对数学概念有更深刻的理解，而且可以使其通过解决问题获得成就感，认识到数学的实际用处，以此对数学产生兴趣。

> 诚诚的妈妈非常注重对孩子数学兴趣的培养，每天诚诚放学之后，她都会故意出一些数学题目来考诚诚。
>
> "哎呀，诚诚，快来帮妈妈算算这月我能发多少加班费啊，我第一个星期发了100元，然后我又加了2个星期班，一共可以领多少钱啊？"
>
> "诚诚，咱们家的油连瓶子一共重1000克，每天妈妈炒菜都要用50克，用了一星期后，还剩下600克，那这油瓶子究竟有多重呢？"
>
> 诚诚的妈妈利用生活中常见的情景，给诚诚出数学问题的方式极大地调动了诚诚的兴趣，每次解完题目之后，诚诚都会觉得自己很厉害，已经能帮妈妈的忙了，而且在这一过程中，诚诚对数学的兴趣大大提高，数学成绩自然也非常优秀。

父母在引导孩子的过程中，最重要的是要想办法激发孩子的学习兴趣。那么除了上述方法之外，还有哪些方法可以培养孩子学习数学的兴趣，提高数学成绩呢？

1.讲究练习方法，不要盲目搞"题海战术"

毋庸置疑，要想提高数学成绩，多加练习是必不可少的。但数学学习并非是买上几本教辅资料,不断地做题就可以解决的。这种"题海战术"对于孩子的数学学习效果不大,其结果往往也是事倍功半。因此,父母要讲究方法,不要让孩子盲目做题,而是让孩子有目的地去学习和做题,在平时养成良好的解题习惯,让自己的精力高度集中,这样才能够进入最佳的学习状态,并在考试中运用自如。

实践证明:越到关键时候,孩子所表现的解题状态与平时练习中形成的习惯关系越大。如果孩子在平时解题时就表现得随便、粗心大意等,往往在大考中就会充分暴露这些缺点,所以在平时养成良好的解题习惯是非常重要的。父母要根据孩子的实际情况选择不同类型的题目让孩子来做。如果孩子的基础知识不牢,首先应该打好基础,此时就应选择基础题来做;有了一定的基础后,再做些有难度的题。如此一来,学习目的明确了,就不用进行"题海战术"了。

2. 重视数学作业的练习

数学作业是对课堂知识的巩固、加深理解和运用,从而让孩子形成解题的技巧。数学作业最能体现孩子对数学知识的掌握程度,所以父母要重视孩子数学作业的练习。父母在平时就要提醒孩子重视数学作业,并让孩子独立完成数学作业。当发现孩子作业中存在问题、困难或做错的题目较多时,应及时提醒孩子,并尽快查明原因。因为这意味着孩子在对数学知识的理解与掌握上存在缺陷或问题。

父母在平时要帮助孩子养成正确的写数学作业的习惯。在做作业前,先让孩子对涉及的内容加以复习,在理解与掌握所学内容之后再做作业。解题时要按一定的程序、步骤进行。首先,要让孩子弄清题意,认真读题,仔细理解题意。如哪些是已知的数据、条件,哪些是未知数、结论,题中涉及哪些运算,它们相互之间是怎样联系的,能否用图表示出来等,要详加推敲,彻底弄清。遇到难题,要启发孩子在弄清题意的基础上,探索解题的途径,找出已知与未知,条件与结论之间的联系,并回忆与之有关的知识和解决方法,从学过的例题、解过的题目等方面找到问题的答案。

父母千万不要总是帮助孩子做题,这样孩子对问题的理解往往不够深刻,下次再遇到同类问题时依然不会解答。除此之外,父母还要帮助孩子养成规范的书写格式,做到解题过程简单、明白、完整。

3. 要重视解决问题的方法和过程

学习数学知识,既要重视做题的结果,更要重视解决问题的方法和过程,不少孩子在学习数学的时候都忽视了这一点。我们之所以强调过程重要是因为重结果只会导致模仿、死记硬背、生搬硬套,若遇到陌生题型往往就会束手无策。

如果在学习数学的时候,父母能够引导孩子注重解题过程和解题方法,就会使孩子的思维得到真正的锻炼,其数学能力才能真正得到提高。例如,在涉及一些图形方面的计算公式的时候,孩子不但应该记住它,还要理解这些公式是怎样推导出来的,适用于哪种计算环境。只有灵活运用数学知识,才能够做到融会贯通,帮助孩子提高分析和推理能力,进而提高数学成绩。

另外,父母在平时还要从审题、解答、检查这三个环节来培养孩子养成良好的解题习惯,从而有效地提高其解题能力。

1. 审题:要一边读题,一边思考

审题时,如果能一边读题一边思考,不仅可以提高解题速度,还能加深对知识的理解与记忆,增强知识的运用能力。因此,父母要培养孩子在读题时记住题目的要求、条件和问题的能力,更要让孩子注重思考条件与问题之间的联系。长此以往,孩子在读完题目的同时,解题思路也形成了,这样不但能够提高其解题的正确率,而且也能够提高解题速度。

2. 解答:适时利用草稿,快速理清解题思路

解答的步骤是孩子对题目深入思考的外在表现,是我们判断孩子解题正误的依据。解答过程是否完整,思路是否清晰,都能反映出孩子对某个知识点的掌握程度。父母要培养孩子做题打草稿的习惯,应该专门为其准备一个草稿本，因为一张一张散乱的白纸容易丢失，也不便于检查时翻看。做题时，草稿本和课本都要放在桌子上，以便孩子随时都可以翻开来用，不需要花时间四处寻找，这样可以避免分散孩子的注意力，从而提高学习效率。

3. 检查：提高解题正确率

检查是做题的最后一个环节。孩子通过检查做题的过程和结果，可以发现自己做题的失误之处，也可以从中总结出做题的收获。父母要帮助孩子培养检查的习惯。需要注意的是，检查并不仅仅是校对正确答案，更重要的是让孩子在检查的过程中学会总结，思考从这些题中获得了什么，巩固了哪些知识点等。这样日积月累，孩子在学习中的收获就会越来越多，解题就会越来越得心应手。

英语——让孩子用学习母语的方法学习英语

相比于其他科目，在很多父母的心中，孩子的英语课可谓是最让人感到棘手的课程了。毕竟其他课程都是以母语为基础的，父母多少还能帮助孩子一下，而英语作为一门外语，需要长期的练习，需要有语言环境熏陶，对于从未在英语环境里成长的孩子来说，英语学习更显得困难。有位妈妈和她的朋友说起了自己在这方面的忧虑。

孩子其他科目都好，就是英语太差。孩子的不少同学从幼儿园开始就接触了英语，但她家的孩子从小住在乡下，不久才被转到县城来。这的确是个问题，没有一点儿英语基础，忽然接触到英语还不是很适应。她担忧"孩子没有处在英语的语言环境中,学起英语来很困难,况且之前完全没有接触过"。

确实,很多孩子都缺乏学习英语的环境,这就增大了学习英语的难度,从而对其学习的积极性产生一定影响。但有句话是这样说的:当我们无法改变环境时,就改变心境;当我们无法改变别人时,只能改变自己。如今,大部分父母还不具备将孩子送进英语环境中学习的条件,那么就只能通过使用有效的英语教育方法来弥补了。

首先要强调的是孩子学习英语的方法。对于小学高年级的孩子而言,真正接触英语的时间还不长,对于这一外来语种,他们更多的是在被动学习。大部分孩子,他们往往只是为应付考试而去背单词、做习题,而没有真正把英语当作一门语言来学,所以英语学习就成了一种负担。

小学英语相对而言比较简单,单词量也少,主要学习一些基本的词汇和句子,识记内容较多。初中英语,词汇量大大增加,语法学习提上日程,所以初中阶段一定要教导孩子打好语法基础。高中英语词汇量也不少,但英语学习重点在于培养听、说、读、写以及综合运用的能力。当然,这一阶段培养孩子的英语语感和英语兴趣也很重要。

总之,对于孩子的英语学习,父母要有良好的心态,应给予孩子更多的鼓励和支持,允许他们的英语学习有一个渐进的过程,认真关注孩子英语学习的变化,不要苛责他们,出现问题,不要责怪孩子,要和他们一起想解决办法。

一位父亲在网上分享了他的教子经验。

儿子上四年级的时候,英语水平还是很不错的,也让我引以为豪。不过到了五年级,情况出现了一些变化。有时候孩子不愿意听课,在家也不爱看英语书了。当时我不了解情况,就批评了他几句。想不到一向都不掉眼泪的孩子竟然躲在卧室里直流眼泪。

我觉得可能冤枉他了，一了解情况才知道，现在英语老师换了，他有点儿不适应，而且五年级的英语本来就难一些。

我对儿子说："别难过，爸爸会支持你的，刚刚不了解情况就批评你是爸爸不对！"经历了这件事之后，我开始在培养孩子的英语学习能力上下功夫了。更重要的是，我不再逼迫和指责孩子，而是更多地给孩子鼓励和指导。到了下半学期，孩子的英语成绩有了很大的进步。

可以说，大部分孩子还是很愿意学英语的，但英语毕竟不同于汉语，孩子在学习过程中遇到问题也在所难免。这就要求父母要尽心尽责，做好孩子的辅导工作，多鼓励，多引导，让孩子掌握好的学习方法并坚持下去，这样才能起到事半功倍的效果。那么，具体而言，父母要怎样引导、帮助孩子掌握英语学习的技巧和方法呢？

1. 让孩子对学习英语产生兴趣

学习语言本来就比较枯燥，特别是对十几岁的孩子而言，正处在活泼好动的年龄，如果每天要求孩子死记硬背，用机械重复的方法学习英语，孩子很容易失去学英语的兴趣。没有兴趣，学好英语就更难了。对于父母而言，就应该在培养孩子的英语兴趣上下功夫。举个例子，如果孩子喜欢听歌，父母可以帮助孩子找好听的英文歌，搜索歌词，然后让他记住，这样不但可以帮助他学习新单词，还能帮助他练习听力。

在孩子学习英语的过程中，下面这位妈妈的做法就很值得我们学习。

儿子升入初中，各科目的学习成绩都不错，唯独英语成绩一直不好。分析原因之后发现，儿子之所以英语学习成绩差，主要是不喜欢记忆英语单词，对英语学习没有兴趣。找到问题之后，我想到了一个方法来帮助儿子培养英语学习的兴趣。儿子每天学习结束之后都会看一会儿动画片，我就特意买了一些英文原版的动画片给儿子看，在儿子看动画片的时候，我鼓励儿子模仿动画片里的人物对话，一旦出现儿子看不懂的单词，我就让儿子找个便签本记下来。我还会模仿动画片中的人物语气和儿子一起对话，儿子也经常学着动画片中的人物回答我，这样一问一答，经常逗得儿子哈哈大笑，在这种快乐的氛围中，儿子不知不觉就掌握了很多英语单词和常用对话，对英语的兴趣也开始提高了。

父母只要用心发现，就能找到很多培养孩子学习英语的方法，还可以多给孩子创造一些展示英语风采的机会。比方说，父母可以让孩子背诵一个英文故事、学唱一首英文歌曲，然后鼓励孩子在亲朋好友面前表演一下，在取得别人赞赏的过程中，孩子无疑会获得莫大的成就感，对英语兴趣的培养也会起到很大的作用。

2. 妈妈和孩子一起学习英语

女性对于语言学习有着天生的优势。在家庭里，妈妈相比于爸爸，在教育孩子和亲和力方面，也明显优于爸爸。所以，妈妈可以充分发挥这一优势，利用业余时间和孩子一起学习英语。如果妈妈懂英语，可以给孩子做示范，如果妈妈本身不会英语也没关系，可以和孩子一起记单词、背课文，练习英语对话。10～16岁孩子的好胜心比较强，他在努力想超越父母的心理驱动下，就会形成一种主动学习的内驱力，这样英语成绩自然就会提高很快。

3. 引导孩子养成科学的英语学习习惯

英语是一门语言，除了要培养孩子的学习兴趣外，父母还要引导孩子养成科学的英语学习习惯。

要想养成良好的学习习惯首先需要孩子开口读，父母平时要鼓励孩子大声读英语。父母要帮助孩子树立张口说英语的信心，不断鼓励孩子大声地朗读，勇敢地与别人对话，这样做不仅有利于锻炼他的口语，让他形成良好的语感，还能纠正他的发音、语法错误。坚持下去，孩子的口语能力就会突飞猛进，而且他也会越来越喜欢英语。

其次，父母还要让孩子养成背诵英语文章的习惯。毕竟中国孩子学习英语没有良好的英语环境，而背课文可以很好地弥补这一缺失。背诵课文的过程，即是增强孩子英语语感的过程，同时也是积累英语素材和训练英语听力的过程，可以说，背课文是综合锻炼孩子英语听、说、读、写能力的过程。现在市面上英语学习类书籍很多，父母可以根据孩子的特点来选择，给孩子选择一套适合的教材和磁带，让孩子跟着磁带熟读课文，直到将英语课文背诵下来，甚至能够做到脱口而出。这样就能潜移默化地提高孩子的英语学习能力。

最后，父母要让孩子养成听英语的习惯。举一个例子，大家都很喜欢会说话的鹦鹉。鹦鹉之所以会说人类的语言是因为它会模仿人类说话。同理，如果孩子从来不听英语，但是父母却一味地让孩子说，实在是强人所难。因此，在日常生活中，父母可以帮助孩子买一些简单的、语速较慢且清晰的英语听力材料，这类材料最好是带视频的英语故事，以便让孩子带着兴趣学习英语。

就像写日记要养成习惯一样，学习英语也要养成习惯，这样进步才快。毕竟习惯的力量是巨大的——在孩子学习英语的过程中，养成良好的学习习惯，不仅有利于英语水平的提高，而且还有利于学习英语整体能力的提高。

阅读——是孩子获得知识的最好途径

培根说:"知识就是力量。"而阅读则是获得知识的有效途径之一。对孩子来说,阅读是生活的一位好伙伴——可以开阔视野,让他变得博学,也可以让他了解社会,心灵平静。那么,如何让孩子爱上阅读呢?

1. 培养孩子阅读的兴趣和习惯

韦君宜是人民文学出版社原副社长兼总编辑。她从1935年开始写作,几十年来,写出了很多优秀的作品。而回忆起成长的过程,她始终感谢自己的父母帮她培养了良好的阅读习惯。

韦君宜,1917年10月26日生于北京一个知识分子家庭。

她的父母和别的旧式封建父母的不同之处在于——主张男女平等,对儿女的功课要求得非常严格,并且让女儿和儿子读同样多的书。所以韦君宜除了到学校上课之外,父亲还亲自教她诵读古文、日语,并要求她课余攻读英语、数学。在这个过程中,父亲发现她的形象思维似乎特别发达,对一些通俗小说很有兴趣。读书当然不能仅仅读通俗小说,但这可以成为一个突破口,帮助她打开掌握知识的大门。

于是,父亲虽然依旧严格要求她认真对待每门功课,却并不逼迫,反而让她把家中的旧书、历史小说、通俗演义等读本在学习的间隙内进行通读。这样,她阅读的兴趣范围渐渐广了起来,历史小说、诗集、通俗演义、政论、弹词……各种书籍她都能津津有味地捧读半天。

没过多久,她把家里存放的一切旧书,统统地"吞"了下去。

而且还开始如饥似渴地在外面寻找书读。

通过父亲有意识的培养，韦君宜的阅读习惯逐步形成。

就这样，幼年时代的韦君宜像蛇吞象似的看了许多完全不适合她年龄读的书，开始知道了胡适、梁启超、鲁迅……在书本上广泛地接触社会，开始了人生的思索。

少年时代书籍的启蒙教育，在韦君宜的心灵上打下了深深的烙印，为她后来的成长打下了坚实而广阔的基础。

阅读就像是站在巨人的肩膀上，让人看得更高更远，广增见闻，拓展知识。孩子若能从小养成阅读习惯，便犹如得到一生受用不尽的宝藏。而父母对孩子阅读习惯的重视、兴趣的培养和阅读方法的引导，则是孩子养成阅读习惯的关键。

2. 给孩子创造良好的阅读环境

父母同孩子一起看书是一件快乐的事情。每当父母在孩子身旁为他读书时，他就会感到亲切、愉快。我们应当创造一种充满父子、母子亲情的氛围，和孩子一起陶醉在书的世界里。

《读者》上有一篇名叫《托尔斯泰的灯》的文章，是这样记叙的。

最早这是一盏大号的煤油灯，吊挂在图拉州托尔斯泰故居的屋顶上。灯罩巨大，比灯罩更大的是下方一张直径近两米的圆桌，桌面上等距离地立着十几块隔板，隔板直接与灯罩连接，均匀地平分了灯光。——这就是矗立在19世纪俄罗斯文学高峰上的巨人列夫·托尔斯泰的发明。

孩子长到三四岁就要开始识字读书，怎样培养孩子阅读的习惯，并从阅读中发现快乐呢？

当了父亲的托尔斯泰就构思了这盏"连桌灯"，或者叫"桌连灯"。最初这张大桌子上只有3块隔板，宽宽敞敞地坐着他们夫妇和一个孩子。后来他的夫人陆续为他生下了13个孩子，其中有两个夭折，到最后，这张大桌子上均匀地分布了13块隔板。

每到晚上，全家人必须都坐到这同一盏灯下开始阅读，可以读《圣经》，读课文或其他自己喜欢的书，找不到书读的孩子就得读托尔斯泰的手稿。教育的意义不全在内容，而是教育的手段。这捎带着也是一种测试，看哪些孩子或哪个年龄段的孩子，喜欢或不喜欢他的手稿，或者他的哪部小说的手稿受到了孩子们的欢迎。

这一习惯一直延续下来，煤油灯曾改成汽油灯，再后来有了电，灯就更亮了。托尔斯泰不在家的时候，孩子围着他们的母亲阅读，父母都不在的时候，他们"常常是充满期待地等着晚上全家共同阅读"。

每个人心里都有一盏灯，人不是由于决心才有毅力，应该是由于习惯而有毅力。一个人的精神成长史，取决于他的阅读史。只有阅读能最有效地培养精神生活习惯，而好的习惯又培养性格，性格决定人生。教育孩子的目的就在于性格的培养。

这需要有"常性"，而托尔斯泰正好是个有"常性"的人，他从12岁开始写日记，直到82岁去世，没有一天中断过。他的后人因得益于他的教育，至今还兴旺发达地生活在欧洲。

看了托尔斯泰的育儿经，家长也可以仿效，以身作则为孩子营造更好的学习环境。比如，经常带孩子参观博物馆，抑或是参观画廊、美术馆，看戏、看电影等，之后和孩子一同讨论，以此开拓孩子的视野，让孩子的观赏与鉴赏能力得到增强。同时，还可以每星期带孩子上一次图书馆，借一些书，或者去书店购买一些书送给孩子，时间一久孩子就可以自己坐下来阅读了。

3. 投其所好，让孩子爱上阅读

孩子都有一个心理特点：对于自己喜欢和熟悉的东西，都非常乐意接受。因此，父母在为孩子选择图书时，一定要投其所好，选择重点突出的书籍。

孩子偏科怎么办

今年刚上初一的李芝，这几天正在为"参差不齐"的学习成绩而烦恼。在期中考试中，她的语文、数学、英语等学科的成绩都位列全班前10名，但物理却只考了30分，名列全班倒数第二。她感觉很伤心、很无奈。父母以前还总夸她聪明，可现在他们却责备她："你怎么这么笨啊！"这些日子，她瘦了一圈，经常无精打采，夜里还常常惊醒。

一位妈妈在给教育咨询专家的信中说：我儿子期末考试数学100分，语文95分，可是英语才考了70分，全校700多人，如果去掉英语，他在学校排在前10名，可加上英语却排到了200多名。我感到问题很严重，不能因为这一科的成绩影响到他的情绪，可是一时也想不出很有效的办法来。他平时非常喜欢数学，可以自觉地做很多题，可是一让他看英语他就不爱看。我该怎样引导他，或怎么做才能更有效地提高他学英语的兴趣呢？

类似上文这样的孩子，现实生活当中并不在少数。偏科是孩子学习中的常见现象，也是不能回避的问题。

形成偏科的原因往往有很多，而且也较为复杂。青春期的孩子正处在形象思维向抽象思维的过渡时期，仍然会对一些比较形象的科目感兴趣。同时，外部环境也容易导致孩子偏科，比如老师个人素质的高低，责任心的强弱，会直接影响学生对此科目是喜爱还是厌恶；有些社会思潮也会直接渗入孩子的学习中，比如"学什么将来能挣更多的钱"等，都可能影响到家长和孩子的心态；有的是学习方法不对，感到学习困难，丧失兴趣和信心；还有的孩子是因学习疲劳或者父母啰唆、督促太多。

对于孩子偏科的问题，给父母提这样一些建议。

1. 明确告诉孩子，学习不能仅凭兴趣

也许在孩子最初的学习阶段，兴趣是最佳的诱因，但当孩子升入更高年级的阶段，他应该有较为全面的学科意识。思维是全面发展、互相促进的，如果对某门学科不感兴趣、不喜欢，就要想到它可能对以后学习和工作的影响。

2. 进行有效的心理暗示

孩子不爱好、不擅长某门学科的心理原因，主要是自卑。要让孩子相信，只要掌握了正确的方法，肯去学习，就没有什么科目学不好。比如，找出他在最弱学科上的可取之处，哪怕是一两点，进行鼓励，让孩子觉得"我竟然在这门最差的学科上也有过人之处"。通过赞扬，慢慢使孩子产生积极的自我暗示，"我能学好这门学科"，这样就能树立他学习的信心。

3. 帮助孩子找到该学科最适宜的学习方法

孩子学习每门学科，都有个人的特点和最适宜的学习方法，掌握了它，孩子学起来才不会感到吃力，从而引发学习欲望，增强学习效果。比如，听课前进行预习，在预习中通过通读教材内容，找出疑难点，明确这些知识在生活中的具体意义、在知识体系中的地位以及与其他知识的关系。还可以帮助孩子制订比较容易实现的学习目标，让他体会到学习该学科的成功体验，

原来不太爱好、不太擅长的学科就可能会变成爱好的、擅长的学科。

4. 逐渐接近不喜欢的学科

研究表明，人类只有当某一知识领域中的实际知识积累到了一定水平时，才能产生对这一领域的兴趣。因此，对于不感兴趣的科目开始时要多花点儿时间和精力，随着学习逐渐深入，对知识的了解逐渐增多，兴趣就会慢慢培养起来。

5. 鼓励孩子继续发挥他的强项

父母应该为孩子的智慧潜能提供充足的发挥空间，让智慧强项得到进一步的开发和发展。只要针对孩子的强项智能引导孩子，就能令孩子产生成就感，达到自我悦纳、自我肯定的目的，从而更容易让他实现自我。

第七章

别拿分数当指标，孩子的情商培养更关键

在青春期，很多父母最关心的是孩子的学习成绩，往往忽视了对孩子情商的培养。美国哈佛大学教授丹尼尔·古尔曼认为："情商是决定人生成功与否的关键。"而对于青春期孩子来说，情商的培养在很大程度上和父母息息相关，所以父母一定要重视孩子的情商教育，为孩子日后的成功打下坚实的基础。

"我是最棒的"——孩子自我激励情商的培养技巧

对青春期的孩子而言，学会自我激励，会使他们有更好的表现，而良好的表现反过来又会鼓励孩子自我激励。让他们由"我今天的表现真不错"逐渐演变成"我的表现总是不错"，从而促进孩子不断进步。

比如，初一的明明被同学们推选为班长，父亲拉着儿子的手说："我儿子好样儿的，真有出息！"其实，这种夸赞毫无意义，对孩子并无太多的激励作用。

如果这位父亲在后面再补上一句："明明，当了班长，你就应该用一个班长的标准来严格要求自己，在学习、生活和遵守纪律等各方面，都应起到好的作用。"这句话既蕴含着父母对孩子的信任和期望，同时又对孩子提出了更高的要求，能对孩子产生激励作用，促使孩子努力进取，提高他的情商。

在生活中，父母要注意引导孩子进行积极的自我激励，教孩子通过自我激励来激发自己的潜能。那么，父母该怎样培养孩子自我激励的习惯呢？

1. 找准时机激励孩子

孩子潜在的能量是巨大的，只要得到鼓励性的建议和点拨，他就有可能鼓足能量去做事。

一名12岁的赛车手在比赛中获得了第二名，他兴高采烈地跑回家，想第一时间把这个好消息告诉他的妈妈："妈妈，今天有35辆车参加比赛，我竟然得了第二名！"

"这有什么值得高兴的？要我说——你输了！"母亲这样回答他。

"妈妈，你不觉得我第一次赛车就拿第二名是一件很了不起的事情吗？而且那么多辆车参加呢！"孩子委屈地抗议道。

"要我说，你就是输了。你完全可以不跑在任何人的后面。别人能跑第一，你为什么就不能？你也能！"母亲严厉地说。

这句话深深地刻进了儿子的脑海。

在接下来的20年中，这个孩子逐渐称霸赛车界，终于成为运动史上赢得赛车奖牌最多的选手——他就是理查·派迪。

直到今天，理查·派迪的许多项纪录还没人能打破。20多年来，他一直未忘记母亲的责备——你可以不跑在别人后面！母亲的这句话让他明白了一个道理，那就是一个人要不断地鼓励自我："我是最棒的！我要做第一！"

2. 鼓励孩子自己表扬自己

1972年，在墨西哥奥运会马拉松比赛中，出现了一个感人的场面：一位黑人选手在左膝盖受伤的情况下，凭着坚强的意志力跑完了全程。当他到达终点时，比赛的名次早已排满了记录板。事实上，对他来说，他跑不跑到终点，都已经没有名次了。但是，他还是坚持跑完全程。当他跑到终点的时候，一位记者问他："什么力量让你坚持一定要跑到终点？"他回答："我只是不断告诉自己，我很棒！一定要跑完！"

这种自我鼓励的精神让他赢得了全场最热烈的掌声。

我们可以告诉孩子，我们是多么为他们骄傲，但孩子们迟早要依靠自己内心的动力前进。有些孩子完全依赖父母的赞许，连怎样认可自己都不知道。帮助他们的一个简单办法就是：指出他们做的正确的事，然后提醒他们从内心承认自己。

比如，孩子在做了一件错事后主动承认错误，这时，父母可以告诉他：你这样做需要非常大的勇气，你应该对自己说："虽然之前我做错了，但是我做了一件正确的事，一件了不起的事。"

告诉孩子，当他感觉疲倦、烦躁、懒惰的时候，就对自己说："来吧，未来的爱因斯坦，只剩最后一道题了，我们一起把它做完吧，我知道你一定行！"告诉孩子，当他已经尽了自己的努力，不管最后的结果怎样，他都应该在心里赞赏自己："哦，我知道你已经做了你应该做的，而且做得不错。我知道你下次会做得更好。"

3. 给孩子制造自我激励的机会

很多父母都以为孩子永远是脆弱的，但殊不知当孩子遭遇困难的时候，往往首先无法忍受的是大人。大多数时候都是父母感情用事，焦急地对着孩子问这问那，不仅无法帮助孩子克服困难，相反，只能增加孩子的恐慌。

妈妈带11岁的周周去蹦极，周周出门的时候还"生气勃勃"，信誓旦旦地说要锻炼一下自己。然而，当她站在跳台上时，却非常害怕。妈妈就安慰周周说："别怕，有妈妈在呢，我会在你身边。"结果周周死死地抓住妈妈的手不肯放，一副想哭的表情，就是不肯和工作人员合作。

这时，一位老大爷走过来对这位妈妈说："请你先下去吧，离开你的孩子。"

经过女儿的同意后，妈妈忐忑不安地在下面等待着，没过一会儿，周周竟然跳下来了，妈妈连忙大声地称赞周周："女儿，你真棒！"

后来，老爷爷对这位妈妈说："你知道当时我为什么要你下去吗？因为你守在孩子的身边，她就会觉得有依靠，就会撒娇、任性。我让你离开孩子，是要促使她自己去直面挑战。孩子没有了依靠，自然就会丢掉幻想，用自己的意志和毅力去战胜怯懦。"

是啊，孩子没有独立面对挫折的机会，怎么能学会自我激励呢？所以，在孩子遭受了一些小的痛苦和挫折之后，不要表现得过于关注，甚至可以选择暂时离开他，让他自己直面问题，独立面对将来的困难和痛苦。只有这样，孩子才能学会自我激励，才能凭借自己的毅力，坚强地面对以后人生路上的任何苦难。

培养孩子与人相处的社交情商

每个孩子都有与他人接近、发展友谊的需要，这是一种基本的交往需求。拥有知心朋友会让孩子有一种踏实的感觉，在与朋友的交往中，孩子的各项能力都会得到锻炼和发展。如果孩子的交往需求得不到满足，或者他的交往权利被剥夺，那么他就会失去安全感，产生抑郁、冷漠、孤僻的情绪反应，从而影响生活和学习，对孩子以后的身心发展都非常不利。

事实上，主动、积极的交往能帮助孩子获得满意的人际关系，并能使孩子学习的积极性、主动性和创造性得到进一步发挥。孩子在学校里与同学之间感情融洽、行动协调，不仅会提高孩子的学习效率，而且也会对孩子的心理发展产生积极的影响。

但很多孩子在青春期的成长过程中难免会遇到交往中的挫折、阻碍和干扰。那么，父母该怎样帮助孩子面对这样的挫折呢？

1. 培养孩子的交友品质

孩子只有拥有了好品质才能拥有更多的朋友，比如，一个孩子自私自利，在交友中可能就会遇到挫折。父母要从以下几点着重培养孩子的交友品质。

（1）要让孩子具有平等意识，教育孩子尊重每一个人

有的孩子在跟同学相处的时候说："我爸爸是局长，你们都得听我的。"这样高高在上的态度，别人自然就不会愿意跟他相处。有的孩子作为班长，经常会跟同学说："你们最好都听我的话，要不然我去跟老师说你不好。"这样的孩子，同学也不喜欢他。孩子只有具备了平等对待他人的意识才能跟别人建立良好的关系。

（2）教孩子学会宽容、体谅别人

有的孩子能够宽容别人，有的孩子则总是有很多理由挑别人的毛病，对别人的要求非常苛刻。比如，有的孩子总会说，我们班这个同学不好，很讨厌；我们班那个同学不好，看着就心烦。这就是不宽容的表现。宽容是一种体谅，能处处体谅别人、替别人着想的人才能交到真正的朋友。所以，宽容是孩子交友的一个重要品质。

（3）教育孩子做人要讲诚信

比如，承诺了别人的事情就一定要做到。一个说话总是不算数、惯于欺骗别人的孩子，肯定得不到大家的认同。

（4）教孩子学会付出

要随时准备伸出援手去帮助朋友，给别人带来好处，这也是交往的一个前提。如果孩子只想从朋友那里得到好处，对于朋友的要求置之不顾，就很难拥有真正的朋友。

2. 引导孩子融入团队

在培养、教育孩子的过程中，家长应有意识地锻炼孩子与人合作的能

力，培养孩子遵从社交规则。

有一个日本朋友来中国经商，便把儿子也接到中国的一所学校读书。

这个男孩在学校的情况却不太好，很多同学骂他、不理他。男孩觉得受了欺负，特别委屈，回来就向爸爸倒苦水："爸爸，我不想上学了，他们都不喜欢我，不愿意和我一起玩！"

面对这个问题，也许有些父母的第一反应就是安慰孩子，并考虑给孩子换一个学习环境。但是这位父亲听了后，不但没有生气，反而笑了笑，说："你今天帮老师和同学做什么事情了吗？"

男孩摇头。

这位父亲说："那这样，你从明天开始，每天帮老师和同学做些事，回来以后告诉爸爸。"

孩子同意了。

半个月后，这位父亲再没听到儿子回来诉苦。当他问起儿子在学校的情况怎么样时，儿子总是说很好，现在同学都接受了他，他和老师、同学的关系也十分和睦。

不得不佩服这位父亲的主意。在以后的日子里，他还一直教育儿子，要培养乐于奉献、热爱集体的团队精神，而不是一味地挑对方的毛病，要反省自己，然后主动融入集体，这样才能和同学们相处得越来越融洽。

其实，这位父亲的表现与日本人从小就培养国民平等意识、接受团队精神的教育是分不开的。比如，日本学校唱歌时都是大合唱，很少有独唱；也没有什么尖子选拔制度；学校运动会也全是集体项目；学生考试不排名次等。这种教育的结果体现在社会上，就变成了人们一种自觉和有序的行为。

3. 鼓励孩子积极与人交往

父母要鼓励孩子积极地和伙伴们、同学们进行交往，不要怕因此而影响孩子的学习。在日常生活中，可以多问问孩子："在学校里，你跟谁最要好？""能跟爸爸妈妈谈谈你的好朋友吗？"还可以鼓励孩子把朋友带到家里玩。当孩子和同学们建立起良好的人际关系时，孩子的学习也许就会事半功倍了。

如何培养孩子的自控能力

一位妈妈在博客中写出了她教育青春期儿子的苦闷。

上个暑假，我刚读初中的儿子每天看电视的时间长达8小时。为了控制孩子看电视的时间，我曾为儿子制订了一份暑假作息时间表，规定孩子每天看电视的时间不得超过2小时。但这份时间表对孩子的约束力不大，孩子看电视的时间并未减少。转眼寒假又到了，我担心暑假的状况会重演，急切地想找一个能够有效控制孩子看电视时间的好办法。

这位妈妈反映的问题早已不是个别现象，而是具有一定的普遍性。来自一些权威机构的调查数据显示：在寒暑假期间，有不少于30%的青春期孩子存在连续看电视长达5个小时以上的情况。

10～16岁的孩子好奇心重，求知欲望强烈。如果他们得不到父母的合理引导，对于获得知识和信息的途径和方法知之甚少的话，电视就可能被他们当作是获得信息的最重要渠道——许多青春期孩子看电视成瘾就是这样慢慢形成的。那么，明智的父母是怎么处理这个问题的呢？我们来看一位心理学专家对一个家庭的采访手记。

> 来到陆明家，他高兴地对我说："我的作息时间表是我和爸爸妈妈一起制订的。每个星期的周末，爸爸会列出电视节目单，让我圈出下个星期我想看的电视节目，优先安排看电视的时间，然后再安排我做暑假作业的时间，最后剩余的时间是给我发展兴趣爱好和户外活动的。"
>
> 我很有兴趣地问陆明的妈妈："一般父母总是优先考虑孩子学习的时间，你们为什么要优先安排孩子看电视的时间呢？"陆明的妈妈说："因为电视节目的时间是固定的，播放孩子喜欢的电视节目时，如果硬要孩子去做作业，孩子心挂两头，反而做不好。倒不如把他爱看的电视节目的时间留出来，孩子既能安心做作业，又满足了娱乐的需要。所以，我们的作息时间表每周都要根据新的电视安排进行修改。"

陆明的父母在制订作息时间表时，并没有用强制的力量把父母的意愿压在孩子身上，而是让孩子一起参与制订，了解孩子有哪些要求，只要是合理的需求就尽量满足。这样就极大地提高了孩子的积极性，使计划得以顺利执行。

不过，一张合理的作息时间表并不能使父母高枕无忧。如果深入调查，就知道中国的青春期孩子不仅存在看电视上瘾的问题，在这样一个传媒异常发达的社会背景下，父母无法抗拒大众传媒对孩子的影响，处处埋伏着诱惑孩子的陷阱，如网瘾、毒品、性等种种不良诱惑都伺机占领孩子的身心，让父母防不胜防。

深入思考就会明白，孩子最缺乏的是自控力，而父母最需要做的工作也是培养孩子的自控能力。自控力是指人们控制和支配自己行动的能力，它既表现在能激励自己，不怕挫折，实现目标的能力，也表现在能抑制自己不良心理和行为的能力。据此，可以把青春期的孩子分为四种类型。

理想型——高自控，高主动性

小绵羊型——高自控，低主动性

破坏型——低自控，高主动性

游手好闲型——低自控，低主动性

心理学家经过长期调查发现，在智商和自我控制力中，自控力对孩子未来生活的幸福程度影响更大。著名的"糖果试验"表明，懂得延迟满足自己欲望的孩子将来能够取得更大的成就。而心理学家在研究一些诺贝尔奖获得者的心理特质时，发现他们全部都是具有高自控力、高主动性的理想型人才。那么，为了培养青春期孩子的自控力，父母到底应该怎么做呢？

1. 父母的信任是孩子自控力的源泉

青春期的孩子开始躁动不安，种种需求和欲望使他们的心思变"野"了，父母们对此有种种抱怨：

"这孩子，作业没做完就跑出去跟同学溜冰去了，我怎么说他都没用。"

"我家亮亮一玩电脑游戏就停不下来，不让他玩，他就拿离家出走威胁我。"

"我家杰杰有个坏毛病，一个月的零花钱一到他手里，用不了三两天就花光，现在都不敢给他零花钱了。"

心理学家认为，信任是一种积极的心态，也是一种使人奋发进取、实现自我价值的内驱力。许多家庭教育专家发现，孩子从小对父母就有着特殊的信任。孩子经常把父母看成是真理的化身、德行上的榜样、生活上的参谋、感情上的挚友。因此，他们也特别希望能得到父母的信任。在孩子看来，父母的信任真实而可靠，它意味着压力、重视和鼓励，这正是能使他们人生得以升华的动力源泉。可以说,父母的信任能使孩子备受鼓舞,使他们努力为理想拼搏。换句话说,孩子的自控力在这个过程中得以增强。

有一位聪明的妈妈发现了这一秘密。

和很多妈妈强制孩子做作业的方法不一样的是,我总是与儿子商量好,让他每天完成多少量的家庭作业后就可以下楼去玩。每天下午放学回家,根本用不着我提醒,他就会主动做作业,而且完成作业的质量也很棒,孩子的班主任都能明显感觉到儿子的进步。我想,这样的进步是我相信儿子,帮助他学会了"用思想控制自己的行动"的教育方法所起的效果!

今天晚上7点,儿子做完了作业,正准备下楼玩时,我装着不经意地提醒了一句:"昨天你说你看书的时间不够,我们分析一下几点回来,才有更多的时间看书呢?"

"8:25开始上楼,我知道的!"儿子出门时,为了看时间,还专门戴上了电话手表。

"我相信你!"

儿子迫不及待地下楼去了。到了晚上8:25,还没听见儿子上楼的脚步声,老公有点儿急了,催我说:"你打电话提醒他一下嘛!"

"不,我相信他,他知道8:30应该准时到家,即使他失约,也可以和他商量,让他自己想办法怎么准时回家。而且如果他迟回家,他的加餐时间就没有了,这个他知道的,我为什么要催他呢?"

刚到8:30,我就听见了儿子自己开门的声音。儿子进屋后,我马上让儿子看时间——8:30,我高兴地说:"你真守时,我知道,和朋友玩得正高兴时,要控制自己立刻回家,还真是件不容易的事，但是你办到了，你的自控力真好！"

"是的，"儿子欣欣然地说，"我今天看时间时都8：26了，我就赶紧跑回来了！"

这位妈妈十分懂得利用信任的力量，她也清楚地知道信任对孩子形成自控力有多么重要。所以，她成功了。相信她在以后教育孩子的过程中，会找到更多轻松又有效的方法。

2. 拥有理想，孩子就会有超强自控力

青春期的孩子尤其需要有一个坚定的理想或者目标，并为之坚持不懈地去努力。有了远大而坚实的理想，孩子就不会迷茫，他们会沿着理想的方向稳步前行。对于路旁花花绿绿的诱惑，他们自然会有明辨是非的能力，他们的自控力也会在一次次的自我挑战中逐渐增强。

3. 对孩子进行心理素质方面的训练

严格地说，自律属于心理素质。比如在同一种环境和条件下，有些孩子就能很好地把握自己，而有些孩子就不能。对孩子的自控力训练，一开始可以借助一些日常小事进行，比如：何时起床，何时就餐，何时到校，何时能玩，都应有要求、有规矩。在这种规范的约束下孩子就会有意识地克服自己的惰性，逐渐由这些日常小事进而扩大到社会道德、社会责任感的强化。经过训练，孩子的道德水准、意志品质和自律能力就会有明显增强。

4. 培养孩子的自控能力要循序渐进

自律的培养是个长期的过程，不可能一蹴而就，需要渗透到日常生活和各科教育活动中去进行。

一次，一位母亲带着孩子路过葡萄园时，孩子偷偷地摘了一串葡萄，这位母亲立刻对孩子晓之以理。以后，每次路过葡萄园时，孩子都没有去摘葡萄。一天，母亲故意躲了起来，让孩子一个人走

过葡萄架,结果孩子像没有看见葡萄一样,走过了葡萄架。

这位聪明的母亲有意识地训练了孩子的自我控制能力,帮孩子跨出了把握自己的第一步。学习把握自己,让孩子具有良好的自我控制能力,才能使他们成为自己命运的主宰,从而拥有和谐的生活、学习的保障。

自信心培养的技巧

在第二十九届北京奥运会前,很多媒体称中国男篮在本届奥运会上将踏上"死亡之旅"。因为中国男篮本来就实力有限,而在本届奥运会上,对手们又几乎都是世界级的强队,怎么可能打赢!但是,中国男篮在球场上的表现并不像媒体之前预测的那样万劫不复,而是打得可圈可点,最后还进入了八强。他们把很多的不可能变成了活生生的现实。后来在记者的采访中,队员们说:"最关键的可能是我们不怕困难、不怕强手的勇气。"姚明也说:"我们不会放过任何一个对手,我们会见一个拼一个,我们相信自己能发挥到最好。"

"我们相信自己能发挥到最好",这就是自信的力量。

很多孩子喜欢那些明星球员,崇拜姚明,但是他们却不一定有那样的自信,也不懂得自信的力量有多大、自己该怎样拥有自信的力量。

自信心是一个人坚信自己有能力克服困难、取得成就的一种情感,是意志品质必不可少的构成要素。不自信的人在困难挫折面前,常喜欢找借口说:"不可能。"而有自信心的人说:"不!可能。"一般来说,在其他能力相当的情况下，自信心强的人更容易获得成功。所以有人说，自信是成功的第一秘诀。

自信心强的孩子在做事前往往表现得胸有成竹，认为"我能行""我会"，他们会积极主动地去做事，勇于尝试，乐于接受挑战，即使遇到困难，也不轻易放弃自己的主张。自信心弱的孩子缺乏自我肯定的勇气，不相信自己，遇事则认为"我不行""我不会"，往往依赖或轻易地求助于别人，做事缺乏主动性、积极性，从而失去很多学习和锻炼的机会，影响自身的发展。而且，长期缺乏自信会让孩子产生"无能"的感觉，看不到自己的前途，甚至会萌生悲观厌世的情绪。

孩子自信心的建立不是天生的，更不会随心而得，需要父母精心培养。父母要相信，每个孩子都有一颗向上的心，只要我们认真栽培，孩子就会保持一种乐观、向上的情绪，并充满自信。

那么，父母如何培养孩子的自信心呢？

1. 多鼓励孩子

孩子对自我的认识往往依赖于他人的评价，特别是自我意识增强的青春期孩子，如果别人以肯定、信任的态度对待他，他就会对自己充满信心，反之，他将会否定自己。所以，父母应对孩子多一些鼓励和表扬，少一些批评、指责。这样会使他兴趣盎然，信心百倍地向前努力。切不可一味地姑息迁就或批评指责孩子，那样会使他无法获得对自己的肯定，也就无法建立自信。

2. 捕捉孩子的闪光点

每个孩子都有自己的特长，在某一方面表现不好，也许在另一方面就会有突出表现，比如有的孩子擅长体育，有的孩子擅长文艺，做父母的必须善于捕捉孩子的闪光点，并及时地给予适当的表扬和鼓励，使他的优点得以更好地发展。当然，不要对孩子有过高的期望值，要发展地看待孩子，肯定他的点滴进步。

另外，要注意保护孩子的特长。每个孩子都会有被别人评价较高的方面，他自己也往往将之看作是比别人好的地方。孩子的自信心在很大程度上就建立在自己的长处的基础上，如果不注意保护孩子自己认定的长处，甚至轻易地加以否定，那么就有可能从根本上动摇孩子的自信心。

建议让孩子学习一种技能，如乐器、舞蹈、绘画、演讲、书法、滑板等，孩子有了"一技之长"，他就会觉得自己某方面比别人强，从而充满自信。

3. 让孩子多获得积极的体验

调查发现，一般能力较强的孩子经常能获得成功的积极体验，很少过分沮丧和自卑，而那些能力平平或成绩稍落后的孩子，成功的体验往往较少，自信心容易受伤。可以说成功经验的获得，是自信心建立的重要因素。当孩子做成一件事，同时又受到表扬时，他就会相信自己的能力，逐渐增强自己的自信心。

因此，父母应根据孩子的发展特点和个体差异，提出适合其水平的任务和要求，确立一个适当的目标，使其经过努力能完成。每次小小的成功，都会激励孩子的成功意识，让他坚信自己有能力克服困难，取得成功。

挫折教育，把适当的压力还给孩子

这几天，李晓的妈妈情绪很低落，因为她发现她的教育并不是那么成功，这位一向以为自己是成功母亲的妈妈，陷入了苦恼和深思之中。

从小到大，李晓成长的道路可以说是一帆风顺，学习好，人又乖，常常让调皮孩子的家长羡慕不已。偶尔遇到一点儿小小的磕磕绊绊，妈妈也能为她一一化解。进入初中后，李晓的学习成绩也一直很好。

然而有一天，妈妈发现李晓情绪很低落，饭也不吃，心事重重。妈妈问她，她却什么都不肯说。妈妈心急如焚，赶紧打电话给班主任，原来是李晓在刚刚结束的期中考试中发挥不好，有几门没考好。

女儿会在考试中失手，妈妈真是没想到。可是看着孩子情绪不好，妈妈只好开导她，"一次没考好不算什么，别太放在心上，影响了以后的学习就得不偿失了。"

听着妈妈的劝慰，李晓只是低着头，默不作声。妈妈继续做她的工作，可半小时过去了，李晓还是沉默不语。妈妈有些火了，"你到底在想什么？一次考试至于吗？这么大的孩子了，你怎么就拿得起放不下呢！"

一直沉默的李晓这时突然爆发了，"拿得起放得下，你说得倒轻巧！大道理谁不懂！你以为说放下就能放下……"

妈妈愣住了，哑口无言。看着怒气冲冲的女儿，她不由得好生惭愧，"让一个从未体验过挫折的孩子突然间去面对失利，她需要的不是道理，而是实实在在的对抗挫折的能力，可我，曾经培养过她这种能力吗？"

是啊，有多少父母有意识地培养过孩子抗挫折的能力呢？看看现在的孩子，有多少是成长在溺爱的环境里，又有多少脆弱得像鸡蛋壳！

近年来，关于青少年自杀的报道在媒体上可谓屡见不鲜。

河北省某市初三学生因考试成绩不好，从 21 层楼上跳下；

云南昆明一初二男生因上学期成绩未进入班级前三名服农药自杀；

吉林省一女生因家庭贫困产生自卑心理卧轨自杀；

北京市某重点中学一位 15 岁女生因为议论老师"长得肥"而受到批评，自杀未遂，导致终生残疾……

上面这些真实的事例和数据表明，现在不少孩子身上存在害怕困难、承受挫折能力差等特点。近年来，这一问题已经引起了全社会的广泛关注，对孩子进行挫折教育的呼声也日益强烈。心理学家、教育家、家长、教师等纷纷呼吁"今天的孩子需要挫折教育"。

常言道："玉不琢不成器，人不磨难不成才。"失败与挫折，是孩子生活中必须经历的内容，孩子的耐挫能力正是在与困难、挫折打交道的过程中逐渐形成的。可是很多父母心疼孩子，主动帮孩子铺平道路，实际上却剥夺了他们成长的机会。

那么，如何对孩子进行挫折教育呢？

1. 让孩子认识挫折

如果没有充分的心理准备，孩子遇到挫折时会束手无策。父母首先要让孩子认识挫折，并给他讲述那些身处逆境仍然自强不息、奋力拼搏的人生经历。如：在一个漆黑的山洞中，在没有任何亮光可以凭借的情况下，意志顽强的人是如何走出这个山洞的；在地震过后的废墟中，没有水，缺乏氧气，无助且坚强的人是怎样坚持直到获救的，等等。这些都是培养孩子顽强意志的素材。

2. 可以人为制造一些挫折

现实生活中，孩子遇到挫折的机会往往并不多。所以，父母应人为地设置一些障碍，制造一些挫折，以训练孩子对逆境的忍受能力，从而更好地适应复杂多变的生活。比如，孩子要吃饭时，故意晚点儿开饭；孩子要买什么东西时，不要马上应允。

不过，父母在此要注意的是，不要给孩子设置无端的挫折，尤其不要随便否定孩子本身，要就事论事，在解决方法上也要多下功夫。当孩子自愿挑战而遇到挫折时，父母要更多地从方法上给孩子点到为止的启发和指导，尽可能让孩子自己来解决问题，克服困难，使孩子慢慢养成自己的事情自己处理、自己的困难自己解决的好习惯。

3. 提高孩子对挫折的容忍力和超越力

面对挫折，从容忍到超越，这是一个逐渐进步的过程，也是孩子心理发展逐步成熟、心理健康日益增进的动态反映。对挫折的容忍力和超越力是通过学习获得的，比如那些在生活经历中积极地承受挫折的人，对挫折的容忍力和超越力就比较强。因此，父母一方面应指导孩子学会在现实生活中面临挫折情境时减弱自身的挫折感，另一方面还应教会他们采用一些积极的心理防卫机制，使他们能够发挥个体的主观能动性，减轻或免除心理压力，恢复心理平衡。

领导能力——高情商的必备素质

2004年12月，复旦附中高三学生汤玫捷收到了美国哈佛大学的提前录取通知书，同时校方每学年将向她提供4.5万美元的全额奖学金。她是当年哈佛在整个亚洲提前录取的两名学生之一。

之后，记者问她："你觉得你身上的哪种素质打动了哈佛录取委员会的心？"汤玫捷回答说："哈佛大学没有一个具体的录取标准，但他们相当看重一个学生的领袖潜力和学术潜力。"

记者又问："你从小就担任学校里的班干部，对吗？"汤玫捷说："我不是班级的班干部，我是学生的领袖。"

是啊，她从小学开始就是学生干部，有一长串的演讲、写作获奖记录，小学时她曾制作儿童新闻板块，中学时她创办过青少年网站，这些都是她打动哈佛的原因。

2006年，作为哈佛的大一新生，汤玫捷还引进国外高盛基金等美国赞助商近200万元人民币投资成立哈佛中美学生领袖峰会。

说起她中学时的学习成绩，她只属中上，在400多名学生中排名100左右。很显然，哈佛看中的并不是她的学习成绩，而是她个人素质中不可缺少的社会能力和领导才能。

哈佛作为世界名校，培养了无数的优秀人才，他们录取新生肯定有自己的道理。领导才能重不重要？大概每位父母心里都有答案了。

国外科学家曾进行过一项长达10年的研究，研究对象是500名高中阶段的学生领袖。结果表明他们中的三分之二都参加了校外俱乐部、其他团体组织和体育活动，同时有一半以上的学生参加过各种艺术活动。这些说明，孩子也许有先天的领导素质，也许对当一个领导有十分浓厚的兴趣，但是，如果不在实际中锻炼，孩子的领导能力永远也得不到提高。

孩子的领导能力从小就应该锻炼和培养，在平常与伙伴玩耍的过程中，在学校的各种活动中，孩子有很多锻炼自己领导能力的机会。所以，父母要善于抓住这些机会锻炼孩子，有意识地把孩子培养成团队里的"领头羊"。

那么，在一个普通家庭里，父母应该如何培养孩子的领导才能、提高孩子的领导能力呢？

1. 尊重孩子的特点

各行各业都有自己的领导者，每一个领导者也各有各的才能，所以，父母在培养孩子的领导能力时，应该鼓励孩子在其兴趣范围内努力争取领导地位。比如，有的孩子是游戏场上的"领头羊"，有的孩子则适合做教室里的"排头兵"。在一个感到得心应手的活动领域从事组织工作，可以帮助孩子建立信心，培养其领导能力。

2. 鼓励孩子积极地尝试

有这样一个案例，有两个上初一的孩子都已掌握了一定的英语阅读技巧。老师问他们是否愿意改上一个超前阅读班，一个学生急切地表示同意，另一个则更愿意与启蒙班学生一块儿上课，并且后者的父母也支持儿子的决定。这位老师说：您可以猜得出来，这两个孩子哪个将成为领头人。

孩子如果连尝试的勇气都没有的话，更不可能去领导他人。

3. 鼓励孩子多想成功

在孩子尝试挑战或者体验新事物时，父母要鼓励孩子多想成功而不去多想障碍，事实证明，那些最终会成功的人往往是能吸引别人跟随自己的人。

作为一个领导人，必须坚信自己可以带领团队完成任务。因为，在他所领导的团队范围内，最重要的事情必须由他自己来决定，而不能依靠其他任何人，在这样的情况下，如果他缺乏自信和决断力，那么他所带领的队员都会没有自信和主见，也就不可能完成任务，达到目的。

4. 培养毅力和承担责任的勇气

很多时候，领导者带领他的团队并不能保证每次完成任务、达到目的。当面对挫折时，必然会有人灰心、沮丧，这时领导人的毅力和自信汇聚在一起，会激发团队的成员继续奋斗。

对于一个优秀的领导者来说，在面对失败和挫折时，在群体犯了错误时，不要一味地把责任都推给别人，而是要敢于承担责任。因此，父母在平时就要注意培养孩子的毅力和承担责任的勇气，使其具有作为一个领导者的基本素质。

5. 培养分析、制订计划的能力

领导者带领大家解决问题时，往往涉及分工、时间安排等问题，因此，就需要领导者有能力分析问题，并有能力为了解决这些问题而制订计划。例如：老师让大家组织一次班会，那么班长就要考虑开这次班会要达到什么目的，安排什么项目，班会要开多长时间等，具备良好的统筹能力，才能将事情办理得周到细致。

6. 培养组织的能力

领导者在制订计划解决一些问题时，需要不同的人共同去做，这样，就需要他知道谁适合干什么，善于把这些人组织起来，完成共同的任务。比如，大家在野外迷路后，班长制订了顺着小溪返回的计划后，由自己在前面探路，把两个女生放在中间，并安排一个男生照顾她们，而把比较灵活和身强力壮的同学放在后面压阵，以保证万无一失。这样的安排表明班长比较会用人，比较有组织能力。

7. 培养理解别人、与人沟通的能力

领导者要有能力理解别人，与人沟通，协调矛盾，解决分歧。这样，他才能赢得别人的尊敬，别人才会听他的。因此，要培养孩子的领导能力，父母必须培养他理解别人、团结别人、与别人沟通的能力。这种能力可以在家庭中、学校中，特别是学校的各种活动中有意识地锻炼。

8. 帮助孩子掌握并学会运用知识

丰富的知识是领导者必备的基础，这样才有权威和号召力。不仅如此，领导者还必须能够把自己所学到的知识运用到实践中去，解决生活中的实际问题。因此，要培养孩子的领导能力，必须引导孩子认真学习，积累知识，并不断地学会运用知识。

怎么教育，孩子才能学会自我管理

有这样一位老师讲述了她的一个"健忘症"学生。

这个孩子我简直没辙了，他怎么可以连续3天忘记带作业本！周一他没带作业本来，我想着孩子周末贪玩，忘记了也很正常，就告诉他第二天带来。到了第二天一问，他依然说忘了，并且一点儿愧疚感都没有，还理直气壮的。我就有点儿生气，告诉他周三不带作业本就罚他写两遍。周三一来，我刚走到他座位旁，不等我开口问，他就主动站起来说作业本又忘记带了。我当时就很气愤："真没见过你这样健忘的！"

晚上我打电话给孩子的妈妈，告诉她孩子在校的情况，然后询问孩子在家表现得怎么样。他妈妈是这样说的："最近我们的工作比较忙，很少有时间关心孩子的学习，每天的作业主要是靠他自己来打理。"我感到疑惑，他的作业不是他打理，难道别人替他打理吗？我问："那以前是怎么办的？"他妈妈说："以前的作业都是我们来监督他完成，包括整理书包、收拾房间……"

我顿时全明白了，一个已经上初中的孩子，连这些都要父母帮忙，怪不得他那么健忘。

现在很多孩子都面临着这样的尴尬，父母的包办和溺爱，让他们失去了许多应该具备的能力，十几岁了，还不能够自我管理，生活一团糟，习惯很不好。很多孩子的情况往往是这样：父母不在家，他宁可饿着也不会自己做饭吃；如果父母不催促，他就不知道去做作业；如果父母不叫他起床，他上学肯定迟到。这怎么不让人担忧呢？

一个人能自我管理是非常重要的,一位管理学大师说:"除非你能管理自我,否则你不能管理任何人或任何东西。"

对于孩子来说,自我管理是其他一切能力的基础。如果孩子连自己也管不好,又怎么能培养他的领导能力、合作能力等其他能力呢?孩子走上社会前,必须学会自我管理。

如果父母能从小培养孩子自己的事情自己做、自己的东西自己管、自己的生活自己安排的自我管理习惯,就能增强孩子行动的独立性、目的性和计划性,这对于孩子今后生活的幸福和成功有很大帮助。

那么,父母怎样培养孩子自我管理的好习惯呢?

1. 生活上的自我管理

韩国人比较喜欢周末全家出游。不管孩子多大,哪怕只有两三岁,父母都会带上。而且,父母会让孩子自己走,自己去照顾自己。有时,小孩子爬累了,走不动了,父母也很少抱起他们,而只是在一边等他们休息一会儿再接着走。韩国父母认为,应该从小就锻炼孩子的生活自理能力,这样孩子才能学会自我管理。

而我们的父母又是怎样对待孩子的呢?东西乱放了,大人来收拾;衣服穿脏了,大人来洗……甚至有孩子还传出不会剥鸡蛋的笑谈,这样的孩子一旦离开父母简直无法生活。

我们的父母应该在平时就应注意培养孩子自我管理的意识,例如,孩子作业做完后,鼓励他自己收拾书包;孩子的房间乱了,锻炼他自己整理等,久而久之,孩子才能学会约束、控制自己,形成良好的自我管理的习惯。

2. 学习上的自我管理

许多父母都会抱怨:孩子不会整理书包,书包里乱得像"纸篓",父母只好每天帮他整理。事实上,孩子养成这种毛病主要原因就是父母包办得太多,未能培养起孩子自我管理的能力。父母应该要求孩子爱护和整理好自己的书包、课本、文具,并且准备好第二天上课用的东西。

有些父母还有替孩子检查作业的习惯。一旦父母帮助孩子检查了作业，孩子就会养成依赖心理，觉得这是父母的事情，从而对学习的兴趣也会降低。

3. 情绪上的自我管理

当遇事不如意或遭遇突发事件时，许多孩子往往会表现出情绪不稳定，或者是大喜大悲，或者是做事不顾后果，容易冲动。而对于一个善于自我管理情绪的孩子来说，就不会出现这样的情况，因为他知道应该怎样正确地释放自己的情绪。

比如，有些孩子喜欢骂人、说脏话。他们虽然知道骂人、说脏话是不对的，每次骂人、说脏话以后也常常后悔，但是由于已经习以为常，所以总是无法控制住。

父母可以鼓励孩子把不高兴、不愉快的事件告诉父母或其他人，以缓解心中的不快。还要教育孩子以平和的心态看待与他人之间的摩擦，让孩子学会包容他人的过失。

4. 行为上的自我管理

一个孩子如果没有自我控制能力，就会盲目行事，做不好自己应该做的事情。比如，孩子成绩很好，但由于迷上了电子游戏，学习成绩每况愈下，最后每门功课都不及格，导致被学校开除。

让孩子学会控制自己的行为，父母首先要让孩子明确什么是可以做的、什么是不可以做的，事先在脑海中有一个判断是非好坏的标准，按照这个标准，他才能认识到自己的行为是否正确，才能学会控制自我。

父母不妨通过制定家庭规则来指导孩子。比如，晚上不能太晚回家；未经家人同意不能在外留宿；说错话或做错事时要礼貌道歉等。如果孩子不太情愿，父母可在平等的基础上与孩子签订协议，把父母需要达到的教育目标转化为孩子的内在要求和自觉行动，这将有利于孩子自我约束意识的形成和自我管理能力的提高。

第八章

青春期不是危险期,
帮孩子解决成长的问题

处于青春期的孩子会出现各种各样的心理矛盾和压力,如果这些问题不能得到很好的疏解,孩子就有可能在情绪以及行为等方面出现问题,甚至还会出现严重的心理行为偏差。所以,对于孩子在青春期出现的"红灯",父母一定要提高警觉,温和、耐心地引导孩子,带他们走出危险的禁区。

"问题少年"从哪儿来

据有关权威资料显示,近年来,青少年自杀、犯罪、网瘾、自闭、暴力等各种问题层出不穷,而有关调查显示,有50%以上的"问题少年"其"问题"出在家庭!在人一生所受的教育中,家庭教育成分占75%以上。

父母可以说是每个人来到这个世界上的第一任老师,因此,父母的一言一行、一举一动,对孩子的每一步健康成长和价值观、人生观、世界观的形成都有着潜移默化的作用,并且影响甚至左右孩子一生的道德行为。而现在许多的家庭,父母对孩子"恨铁不成钢",苦口婆心换来的只是孩子的冷漠和家庭教育的诸多困惑;相反很多孩子可能还认为自己很委屈——认为无法与父母沟通,认为父母根本不理解自己,逐渐远离父母。如何让我们的家庭重新回到温馨和睦,让广大父母和自己的孩子开始真心沟通,获得亲子间的和睦相处,作为父母,首先要承担起自己为人父母的责任。

因为每个"问题少年"的背后,几乎都有一个"问题家庭"。

家庭教育,需要具有一定的教育智慧和教育技能的父母来完成。但事实上,大多数的父母都是没有经过培训、没有取得任职资格证就做了父母的。而要想做一个优秀的父母,哪怕只做一个合格的父母,都需要重新学习!

培育高素质的下一代,其实从受孕前就开始了。教育好下一代,我们首先要放下自己的狂妄,承认自己的无知。做一个称职的父母,是需要用心学习的,不论你学历有多高、职位有多重。溺爱和打骂,都不是科学的教育方法，即使打着的是爱的旗号，也是在满足着自己不同层次的需要。家庭教育的失败，孩子是无辜的实验品和最大的受害者。缺少自省的父母却往往一味把教育失败的责任推给孩子、推给学校、推给社会，由此滋生了"问题少年"现象。

所谓"问题少年"，泛指中学年龄段，由于有着严重的心理障碍或有着违法犯罪倾向，于是经常实施不良行为，如长期逃学、打架、早恋、迷恋上网，甚至实施勒索、偷窃等违法违纪行为，最终走向犯罪的青少年。尽管他们人数很少，但对社会的影响却不容小视。那么，"问题少年"究竟是如何产生的呢？

1. 不良家庭教育是滋生根源

父母是孩子的第一任老师，父母的言行举止、品德修养直接影响着孩子是否健康成长。

> 中学生明明的父亲有嗜赌的恶习，明明的母亲劝说无效，还多次受气挨打，只得离婚。明明随父亲生活后，父亲每天只给他两元钱生活费，要求早晚餐在外面吃，明知钱不够花也不管。明明晚饭经常没着落，就从借、讨、要发展到偷盗、勒索、强取，最终走向违法犯罪的道路。

> 小林初中时多次偷拿其他学生的东西，父母知道后也不进行有效的教育。后来小林夜间砸锁撬门进入某公司大门，盗窃财物价值达 39 000 元。当公安机关通知其父母时，小林的父亲竟振振有词地说："我的孩子只是调皮，咋能算犯罪呢？"

我们发现60%的"问题少年"来自单亲、离异、父母文化程度低、留守子女的家庭中。大量调研显示，家庭背景问题、家庭教育缺失已经成为问题少年产生的关键因素。父母品性不良，与子女长期缺乏交流，放纵不管，教育方法简单粗暴等，都会促使这些正处于生理、心理急剧变化期的少年最终成为"问题少年"。

2. 父母缺乏对孩子的管教，导致孩子过早进入社会

缺失的家庭管理对青少年的不良影响日益显现。长期逃学、升学无望的一些青少年大部分时间都泡在网吧里，在网络中寻找刺激和快乐。

> 某中学的小王、小李、小区、小赵在小王17岁生日当天喝酒庆祝，酒后兴奋便提到网络上的色情刺激镜头，随即邀请同班女生小丽来到父母长期在外打工的小王家里，实施了轮奸小丽的犯罪行为。事后不到一年的时间里，他们又一起轮奸了5名同龄女性，最终受到法律的严惩。

面对"问题少年"，应该从重视家庭教育和加强家庭教育的科学指导做起，充分发挥家庭在预防青少年犯罪中的核心作用。父母应增强对社会、对孩子的责任感，对孩子的需求、爱好、兴趣、交往、消费、困惑和学习情况等方面投入更多的关注，包括智力开发、艺术熏陶以及早期的思想品德、心理和行为习惯的培养，以身体力行的良好行为来教育孩子。

3. 一味重视孩子的成绩，忽视孩子的品德和法制教育

为了成绩，为了升学，不少父母放松了对孩子的思想品德教育、法制教育、素质教育，于是造成了很多无知青少年坠入迷途的惨案。虽然成绩固然重要，但是家长同样不可忽视孩子的品德、法制教育，这才是真正的"立人之本"。

4. 忽视孩子的情感需求

孩子如果感受不到父母对自己的爱，就会因为缺少安全感而变得压抑、孤僻，不利于形成健康的人格。

目前家教中最缺少的就是爱的教育，缺少对生命价值的尊重。大多数

父母对孩子的态度因成绩而异，或溺爱，或粗暴，恰恰忽视了孩子的情感需求。在一些健全的家庭中，父母与孩子之间沟通难也已成为家庭教育的瓶颈。事实上，动辄出走、轻生等逆反情绪，在一些所谓好孩子中同样存在。所以父母要注重孩子的情感需求，主动关心孩子，理解孩子，才能拉近彼此的关系，用爱来化解孩子的困惑和矛盾。

理性对待孩子的追星现象

2007年3月22日，歌迷杨某在父亲卖房卖肾的代价下，赴香港参加刘德华歌友会，实现生平夙愿。不过，其父最后由于女儿的"追星"行为而跳海身亡。

2011年12月27日，韩国歌星安七炫在上海繁华的某购物中心为某品牌促销举行签名活动，引发无数歌迷到场，一位热情的女歌迷竟然激动得双膝跪地……

2013年11月的一天，一名13岁少女因为一句"明星就是比父母好"的气话，被失去理智的父亲用菜刀砍死。

虽然这样追星追到疯狂的例子只是少数，但是父母仍不能忽视沉迷于追星给孩子带来的负面影响。有的孩子为了见到喜欢的明星，不惜旷课、离家出走、骗取父母的钱财。如此追星不仅会造成孩子情绪失控、荒废学业、爱慕虚荣，久而久之也会发展成为问题少年。

对于十几岁的青少年来说，对美好的事物天生就充满了好奇和憧憬，那些光鲜亮丽的明星们自然对孩子们有种特殊的吸引力，由此让青少年产生一种认同和崇拜心理。同时，因为明星们在媒体上的闪亮形象与孩子们的现实生活形成了一种反差，更促使了他们对于明星生活的向往。这些都是青少年阶段十分正常的心理反应。

但是，由于青少年的思想和心理上的发育都还不成熟，追星有可能会导致青少年心理上的偏颇。一些青少年崇拜偶像甚至到了盲目和疯狂的地步，以致影响了学习和正常的生活，这是一种"心理缺陷"。

要避免这种现象，关键在于社会、父母和学校及时正确地对他们进行引导。而正确引导的关键首先在于交流和沟通，既不能盲目纵容，也不应该一味反对。一些父母和老师对于孩子追星一味反对，甚至于态度粗暴，这是不可取的，因为青春期的孩子存有叛逆心理，一味压制他们所钟爱的行为也会起反作用。作为父母，要学会尊重孩子，理解并坦然接受孩子对明星的崇拜，对孩子的崇拜心理和行为，科学地干预和适当地介入。若能恰当地因势利导，则可变阻力为动力。如以明星所走过的艰苦历程教育孩子，使他们从表面的模仿走向本质的学习，启发他们要为实现理想打下扎实的基础。

下面，我们为各位家长提供了几点建议，不妨参考一下。

1. 跟孩子一起去"追星"

赵先生的儿子非常喜欢王绎龙的DJ舞曲，每天除了上课听他的歌外，下课、走路、写作业，甚至连睡觉，都百听不厌。赵先生多次对儿子说："你这样整天戴着耳机听歌，还放那么大声，对耳朵会有损伤的，还会影响学习。而且像走路的时候听歌，容易分神，是很危险的，容易发生交通事故！"

儿子小嘴一撇，说："不会的，王绎龙的舞曲听起来可带劲了，我听了之后充满能量，学习更有劲了！"

王绎龙的歌到底有多大魅力呢？赵先生十分不解，于是他也下载了王绎龙的几首代表作，尝试着听了一段时间。渐渐地，他也能跟着哼唱。同时，他上网搜集王绎龙的成长经历，发现王绎龙有一些儿子不知道的故事。

这天，赵先生和儿子闲聊，就聊起了王绎龙，并把王绎龙的成长经历讲给儿子听。儿子听得很认真。听完之后，儿子颇有感触地说："原来每个成功人士的背后，都有一段传奇的经历啊！"

赵先生趁机引导儿子："是啊，我们不仅要欣赏王绎龙的作品，还要学习他进取的精神。从他的歌曲中，找到进取的动力，让自己变得更出色！"

儿子非常认同地点了点头。从那以后，赵先生偶尔也能把王绎龙的舞曲节奏哼出来，有时候还和儿子一起唱，父子俩边唱边跳，别提多开心了。

喜欢娱乐是孩子的天性，孩子"追星"实际上是一种理想中的天真，也是一种激情中的盲目。父母只有了解了孩子追的"星"，才可以和孩子谈"星"，父母对"星"发表的客观评论，对孩子的人生观与价值观的形成将起到潜移默化的作用。如果只是简单采取扔掉明星的CD、撕掉明星的相片等办法，不仅让孩子回头无望，甚至可能会酿成悲剧。

2. 防止不健康的"追星"

孩子处于青春期，心理不成熟，阅历浅，感情容易冲动，甚至有可能会做出一些不冷静的事情来。比如，有的男孩，看着自己心目中漂亮性感的女明星，容易产生性冲动、性幻想；有的孩子过于迷恋某男星，如果有某男星结婚的消息或绯闻，立刻觉得"自己受骗了"，闷闷不乐、精神沮丧，有的少女甚至发誓非某"星"不嫁。孩子"追星"如果追到了这种如醉如痴、神魂颠倒的地步，肯定会影响学业、影响身心健康的发展。这就需要父母引起重视，加以正确引导。

其实"明星"跟正常人没什么两样,许多"明星"的"外在美"都是包装出来的,媒体的吹捧也是一种广告行为。父母可以跟孩子讲明这些道理,说明听歌和看影视节目,只是生活的一小部分,更多的时间应该用于学习和工作,实现自己的远大抱负。

3. 树立其他榜样

榜样的力量是无穷的,父母要有更多的时间和精力带孩子去亲近历史,亲近英雄,让更多的科学之"星"、文化之"星"、英雄之"星"、劳动之"星"在孩子心里一起闪耀。即使孩子仍然去崇拜明星,也不会有太大的危害。

4. 把崇拜转化为激励

"追星"实际上是一种榜样认同和学习,提供什么榜样或展示什么样的榜样对青少年成长十分重要。青少年往往把崇拜的明星当作他们人生发展的楷模、参照系以及心灵寄托,父母为孩子提供的榜样应该是富有责任感和奉献精神、创造有价值的文化楷模,而不仅仅是外表靓丽、风度潇洒、收入丰厚、生活优越的明星。父母可以对孩子自发产生的"偶像崇拜"心理和行为进行适当的干预,也可以利用有学习价值的英雄形象来创造另一种明星效应,还可以为孩子的特长搭建实践的舞台,让孩子体会到成功的快乐,把孩子的"追星"转化为对成功的自我激励。

怎样教育孩子正确对待金钱

金钱是什么?金钱是在商品经济中劳动交换的发展物,作为一般等价物,它具有使用价值的基本属性。金钱具有支付手段的职能,所以说金钱就是购买商品的媒介物。更深刻地来说,正如名著《茶花女》中的那句名言"金钱是好仆人、坏主人"。作为孩子,即使再"两耳不闻窗外事",也都知道金钱的魔力。

孩子小时候对钱还没有完全了解,他们只是从切身所接触到的事情来理解钱的作用,并使其形成了一些最初的价值观念。特别是随着改革开放及市场经济的发展,金钱对孩子价值观念的形成产生了极大的影响。有幅漫画特别形象地说明了这个问题:画中有几个孩子在一起玩,另一个孩子被冷落,老师问:"你们为什么不和他玩呢?"这个孩子回答说:"我们家太穷。"这说明怎样使孩子正确对待金钱和财物是十分必要的。下面给家长们提供几点建议。

1. 告诉孩子金钱不是万能的

首先要教育孩子不要以为金钱能解决一切问题,金钱并非神通广大。有些孩子看到金钱在物质交换中的作用,又听有些成人总说"没钱什么事儿也干不了"之类的话,就容易形成"金钱可以解决一切问题"的错误认知。

从上幼儿园起,父母就教珍珍认识钱币,甚至再大一些,她帮忙做了家务时,父母都会给她酬劳。渐渐地,珍珍做什么都爱讲"价",什么都要报酬,就连同学借她东西,她也要对方付钱。

珍珍上初一时,妈妈为她订了一份英文报纸,同学借看后,她竟然向同学要"借阅费",因为这位同学正好是校长的侄女,所以最后还闹到了校长那里。为此,妈妈被校长打电话叫到了学校。

听了校长的讲述,珍珍的妈妈哭笑不得,她意识到女儿对金钱的认识出现了偏差。

那天晚上,妈妈拿出全部耐心对珍珍说:"虽然金钱很重要,但是金钱并不是万能的。很多东西是用金钱买不来的……"可是珍珍好像没听进去。

后来，珍珍患了流行性感冒，住了两天的院。同房有一位与珍珍年龄相仿的病友，活泼开朗，爱说话，很快和珍珍成了好朋友。下午放学后，病友的同学、朋友呼啦啦来了一大帮，给她带来了很多好吃的、好玩的，还有同学主动帮她补课。而珍珍的病床边却冷冷清清，没有一个同学来看她。

见珍珍闷闷不乐地坐在那里发呆，妈妈趁机对她说："平时在班里，同学找你借一块橡皮，用一下你的小刀，你都要收费，所以大家对你没有好感，对你没有感情，你看你生病了也没有人来看望你。同学感情是很珍贵的，要互助友爱，而不能用金钱来衡量，因为金钱不是万能的。"

这一次的经历让珍珍对金钱的认识更加深刻了。

生活中，家长应该让孩子明白在与他人的交往过程中，金钱并不能解决所有问题。同时，家长还要适时地引导孩子、教育孩子，不要总是用金钱去衡量一切，很多东西是金钱买不来的。比如，同学之间的友谊、家人之间的亲情等，从而帮孩子树立正确的金钱观、价值观。

2. 教育孩子，正确地对待金钱

家长要让孩子认识到劳动是取得金钱的重要途径，不通过辛勤劳动得到的钱是不正当的。如果孩子以为不劳动照样可以得到钱，那必定会养成懒惰、贪婪的恶习，甚至有可能走上犯罪的道路。只有把金钱和劳动联系起来，才能够净化孩子的价值观念。

同时，家长还要让孩子认识到，社会上除了金钱和物质之外，还有更为珍贵的东西，比如健康、快乐以及人与人之间的感情等，这些都是金钱换不来的。

拿破仑曾拥有许多人梦寐以求的一切——荣耀、权力、财富，但他却说："我这一生没有过一天快乐的日子。"而海伦·凯乐——失聪失明，她却表示："我发现生命是这样的美好。"这告诉我们有钱未必幸福，而没有钱也一样快乐。当然，不同的人对金钱的看法也不同，而怎样才能正确运用、对待金钱，则需要有一定的智慧。

钱能做什么？钱不能做什么？

钱能买来食物，却买不来食欲；钱能买来药品，却买不来健康；钱能买来熟人，却买不来朋友；钱能买来奉献，却买不来信赖。所以凡事都不能勉强，钱不能解决所有问题。

孩子只有在这些对比中才能够正确地理解金钱的价值和作用，才能在自己的生活中懂得如何看待金钱和其他事物之间的关系。

发现孩子吸烟、喝酒怎么办

2019年5月31日是第32个世界无烟日，此前世界卫生组织发布的《烟草与烟草控制经济学》研究报告指出，全球每年有600多万人因吸烟死亡。预计到2030年，因吸烟而死亡的人数增长将超过三分之一。

出于好奇、模仿、交际、解闷、提神、显示成熟等需要，一些青少年开始吸烟。

烟草的烟雾中至少含有三种有毒的化学物质：焦油、尼古丁和一氧化碳。焦油由好几种物质混合而成，在肺中会浓缩成一种黏性物质；尼古丁是一种会使人成瘾的药物，由肺部吸收，主要是对神经系统发生作用；一氧化碳有降低红细胞将氧输送到全身的能力。有资料表明，一个每天吸15～20支香烟的人，其易患肺癌、口腔癌或喉癌致死的概率要比不吸烟的人高14

倍；其易患食道癌致死的概率比不吸烟的人高4倍；死于膀胱癌和心脏病的概率要比不吸烟的人高2倍。吸烟也是导致慢性支气管炎和肺气肿的主要原因，而慢性肺部疾病也增加了患肺炎及心脏病和高血压病的风险。

医学家警告说，青少年吸烟对身体的危害比成年人更大，从15岁或更小的年龄开始吸烟，也许会使他们的寿命减损20年。青少年吸烟会导致体内器官功能紊乱，甚至在戒烟以后也难以治愈。

> 小辉今年刚14岁，在父母眼里他一直是个听话懂事的乖孩子。可是，最近妈妈却发现了一些异常——虽然没有当面碰到过小辉吸烟，但是从他手上偶尔飘过的烟味，书包里藏的香烟及马桶里偶尔漂浮的烟头都可以得知：儿子学会吸烟了。

那么，家长一旦发现孩子学会了吸烟该怎么办？

其实，这一阶段的孩子已经有了明辨是非的能力，他们吸烟绝大部分是因为耍酷，并没有多大的烟瘾，但如果不加以制止和正确引导的话，后果会越来越严重。因此，家长可以心平气和地和孩子以谈心的方式告诉他吸烟的危害，或者和孩子一起上网了解吸烟对人的身体及心理的危害，想办法把孩子吸烟耍酷的心理"击碎"。

但如果孩子真是吸烟成瘾了，父母就要想办法帮助孩子戒烟，具体可以参照一下成人戒烟的方法，这里不再详述。

俗话说"烟酒不分家"，谈完孩子吸烟的事情，再来说说孩子喝酒的问题。

有人说，"酒逢知己千杯少"，这只是文人用来表达情感的一种艺术夸张。大量饮酒不仅损害肝脏，容易造成酒精肝、脂肪肝和肝硬化，导致人体免疫机能的下降，还容易引起胃炎、胃溃疡及十二指肠溃疡、胃出血等病症。在西方国家，20%~25%的肝硬化都是由过量饮酒直接引起的。过量饮酒还会增加咽喉、食道、口腔、肝、胰腺等部位癌症的发病率。除此以外，酒精还会影响人的反应时间，影响运动功能，从而容易造成意外事故以及导致青少年学习成绩的下降。因此，青少年千万不要养成嗜酒的恶习。

作为父母，应当通过以下几个方面加强对孩子的教育和引导。

1. 把家中的酒放好

> 冰冰中考之后，为了庆祝毕业跟同学出去吃饭，结果醉醺醺地回来了。爸爸妈妈以为他是偶尔为之，仅仅批评了他几句，就作罢了。后来妈妈发现家中的藏酒有的不见了，有的只剩半瓶，而爸爸最近工作忙，也没有碰过这些酒。后来妈妈才明白，居然是一向懂事的儿子偷喝了家里的酒，她急忙把这些酒锁在了柜子里，然后开始严格管教冰冰的日常生活。

家长首先要为孩子营造一个不喝酒、不酗酒的良好环境，才能有效帮助孩子戒酒。当然，对于有喝酒嗜好的孩子而言，最好不要让他接触到家里的酒。此外，还要强化孩子"未成年不能饮酒"的意识。

2. 孩子出去聚会要约法三章

> 鸿宇进入中学后，俨然变成了一个小大人，开始频繁地和同学聚会、应酬。青春期的孩子聚在一起谈天说地，情绪高涨的时候常会喝酒助兴，为此鸿宇的爸妈可是没少唠叨"喝酒伤身体""学生不能喝酒"，但这种苦口婆心的教育收效甚微，鸿宇还是不能抵住诱惑。于是爸妈决定给鸿宇约法三章，"解铃还须系铃人"，让他学会为自己的行为负责。

第一，和朋友出门必须报备，包括时间、地点、同伴。

第二，晚11点前必须回家。

第三，在外绝对不许饮酒！不许吸烟！

如若违反，断网半个月，扣除当月的零用钱，而且未来三个月内不允许参加聚会。

这天，同学小海过生日，大家玩到尽兴的时候，小海提议喝杯酒活跃一下气氛，鸿宇原本沉浸在兄弟情义里难以自拔，但猛然想到喝酒的严重后果，便找了一个合适的理由说："都说'君子之交淡如水'，咱们的关系不需要靠喝酒来检验，我看大家一人一杯苏打水，提神醒脑还能排油助消化，大家说是吧。"大家觉得鸿宇的话似乎有那么些道理，也都举起了水杯。大家吃饭、聊天、做游戏，一样玩得很尽兴。

一般来说，青少年的饮酒机会多出现在朋友或同学的聚会中，青少年情绪容易兴奋，出于好奇或一时兴起而吸烟、饮酒的情况时有发生。这个时期的孩子本来就比较叛逆，不习惯受父母的管束，也不清楚自己的责任和义务，很难把控自己。如果父母只是一味地唠叨，不但不会起到教育效果，还可能会引起孩子的逆反心理，助长他们吸烟、饮酒的欲望。正确的方法是帮助孩子明确自己所应承担的责任和应当履行的义务，引导孩子约束自己的行为，学会为自己的行为负责，并承担相应的后果。

校园暴力到底离孩子有多远

2015年6月8日晚，福州永泰一学校初三男生小黄再次遭同班同学夏某、林某和张某的围殴，忍痛2天后被送到医院，发现脾脏出血严重，后经手术切除了脾脏。在此之前，小黄已经被同学欺凌长达4年之久。

2015年6月21日，江西永新县发生一起多人围殴女生事件，涉事女生有9人。其中，小学生有2人，中学生有4人，并且3人已辍学，年龄都在12～16岁。

2016年5月16日，一段长达1分33秒的校园暴力视频在网上疯传，视频显示：在男厕所里，一名男生被一名身体强壮的同学殴打，先是边拉上衣边踹，踹倒在地后继续踹其胸部。现场围观的学生有数十名，却无一人劝架。

近年来，类似的校园暴力事件层出不穷。据有关资料统计，平均每7分钟就有一个孩子被欺凌。这其中，有大人介入帮忙的情况只占4%，有同龄人介入的情况占11%，85%的情况是没有任何人出面劝阻和帮助的。

校园暴力远不仅仅肢体暴力这么简单，它还包括情绪虐待、言语侮辱、威胁恐吓、恶意取笑、被大家孤立等。它给孩子造成的伤害远不只身体受伤那么简单，还会给孩子造成严重的心理阴影，使孩子产生焦虑、抑郁、孤独、自卑等心理问题。这种伤害远胜于暴力本身，其负面影响会持续到孩子成年以后，甚至伴随孩子的一生。

有研究表明，长期遭受校园暴力的孩子成年后，比普通孩子的犯罪率高6倍，他们也更有可能体罚、虐待自己的孩子，自杀率也更高。所以，家长千万不要认为校园暴力离孩子很遥远，也许你不知道：孩子正在受校园暴力的威胁，只是他没有说出来，而你又没有察觉出来而已。

通常来说，当孩子出现了以下这些情况，很可能正面临着暴力的侵害。

（1）孩子突然不愿意上学。平时乖巧、上学准时的孩子，突然出现逃学、装病请假等情况，表明孩子厌学了，或对上学产生了恐惧。

（2）孩子的物品经常"丢失"或"损失"。比如，孩子经常出现文具不见、鞋子丢失、衣服破损等情况。

（3）孩子的身上有伤痕。比如，孩子身体表面无缘无故地出现瘀青、抓伤、划痕等情况。

（4）孩子上厕所的习惯改变。孩子非要回家才上厕所，为此不惜长时间憋尿。这有可能是因为学校厕所是暴力发生的常见场所，所以孩子害怕去厕所，才会回家上厕所。

（5）孩子经常伤心、沮丧地回家，很可能是因为在校受到了言语诽谤、恐吓威胁等精神方面的伤害。

（6）孩子出现睡眠问题。孩子频繁失眠、多梦，甚至尿床（这对青春期的孩子来说，是非常不正常的），说明孩子有很大的精神负担和心理压力。

（7）孩子出现自我伤害行为。这是孩子受到暴力伤害之后常见的行为表现，比如，产生自虐倾向、自我伤害，甚至是自杀行为。

发现问题，才能解决问题。发现孩子受到了暴力伤害，家长一定要高度重视。一方面要及时地与学校联系，提醒校方严查施暴者；另一方面，家长要教孩子正确应对暴力伤害，帮孩子消除暴力伤害造成的负面影响。

1. 教孩子学会自我保护

告诉孩子，为了避免遭到暴力伤害，上学放学和校内活动时，尽可能结伴而行，不要走僻静、人少的路段，放学后按时回家，不要在学校逗留、闲逛。

父母要告诉孩子："面对暴力伤害时，可视情况进行自我防卫。比如，对方在身高、体形、力量等方面和你差不多，你就可以给予反击，给对方一点儿颜色看看，让他知道你不是好欺负的。"

2. 教孩子与施暴者周旋的智慧

前面讲到，遇到施暴要教孩子适时反抗，捍卫自己的权益。但有些时候，不能鼓励孩子与施暴者发生正面冲突。比如，对方人多势众、来势汹汹时，最好的办法是教孩子与对方周旋。比如，说些好话，缓和气氛，先答应对方的要求，避免遭到身体伤害。保护好自己是首要任务，事后再向家长和老师反映情况。

3. 让孩子及时反馈情况

一天，儿子放学回家对爸爸万先生说："爸爸，我不想住校了！"

"为什么不想住校？"万先生问。

"今天隔壁宿舍有个高年级的同学和另外两个同学把我堵在厕所里，向我要钱，我没有给他，他们把我打了一顿。"说到这里，儿子流出了委屈和伤心的眼泪。

"你记得他们的相貌吗？明天我去学校，把这个情况反映给你的老师，和老师一起帮你讨回公道！"

第二天，万先生和校方领导及儿子的班主任，找到了那三名勒索钱财的同学，并通知他们的家长，学校对这三名同学进行了严肃的处理。

不管遇到什么样的暴力伤害，都不应该让孩子独自承受。父母应告诉孩子："遇到暴力伤害时，一定要及时告诉爸爸妈妈，情况严重的可以直接报案。"为了在报警的时候，更好地描述暴力情况，父母应教孩子记住施暴者的人数和体貌特征，记录施暴证据。

"好朋友" VS "坏朋友"——引导孩子谨慎交友

美国有句谚语:"和傻瓜生活,整天吃吃喝喝;和智者生活,时时勤于思考。"其道理就是告诉我们择友的重要性。朋友的影响力非常大,可以潜移默化地影响一个人的一生。当然"近朱者赤,近墨者黑",交到一个好的朋友,能有助于自己的成功,交到一个坏的朋友,就有可能毁掉自己的生活。

有教育专家认为,青少年时期交往的朋友对孩子的一生影响最大。因为处于青春期的少年,很多都有着叛逆心理,大人禁止的,他们偏偏要碰触,对很多事情充满着好奇心理,这个时候,有人对其怂恿,或者拉拢,抵抗力不强的孩子就很容易被拉下水,比如,加入学生与社会闲散人员组织的帮派、打群架、泡网吧、交男女朋友,看色情杂志、影碟、网页,抽烟喝酒等。其实,每个孩子在接触一件新奇又被大人禁止的事情时,总是犹豫不决的,如果遇到意志力坚定,抗诱惑能力强的朋友阻拦,就不会轻易去碰触,但如果交到行为不端的朋友,就很容易被其带坏。

近些年,未成年人犯罪人数越来越多,在很多城市受理的刑事犯罪案件中,以盗窃、抢劫等侵财型,故意伤害等暴力型和聚众斗殴等扰乱社会治安型罪名被刑拘的大都是青少年,法院少年庭通过对大量案件分析后发现,许多少年犯都是因交友不慎或所谓的"朋友义气"而犯罪。

小南是一名职业中学的学生,今年4月,他的朋友小亮与一名叫三三的高年级学生发生矛盾,被对方揍了一顿。为了报复三三,小亮找到小南要求帮忙报复。怀着"为朋友两肋插刀"的"正义感",小南接过小亮递来的一把折叠式水果刀,向正在操场跟朋友踢球的三三冲去。小亮被在场同学及时拉住，而小南却冲了上去，并持刀刺中三三的腹部与肩部，造成对方重伤。最后，意气用事的小南不得不赔偿三三所有的医药费，共计32 000元。小南家人找小亮家担负一部分费用时，小亮父母觉得动刀的是小南，又不是小亮，并让小亮否认自己怂恿小南的事实，而小亮始终缄口保持沉默。此时此刻，小南后悔莫及，但后悔已经改变不了什么，他还面临着被劝退学的可能。

未成年人由于生理和心理的成熟度都不如成年人，因此他们常常感觉自己弱小无助。这时，充斥在他们周围的许多不良影片对他们起到了极大的负面影响，一些处于青春冲动期的孩子从中学开始就结伴"壮胆"，而一旦他们拉帮结伙后，其胆量大增，喜欢模仿影片中的暴力、凶杀行为，一旦犯罪，手段往往相当残忍，造成极大的社会危害。

作为父母，一定要告诉孩子，无论在何种情况下，都要慎重与下面这几类人交往。

嫉妒心太强：嫉妒心太强的人，见不得你比他好，他们不会对你的学习或者生活给出什么合理的建议和帮助，只会在背后为你制造各种麻烦，让你变得比他差。

总是索取：如果你的朋友总是伸手向你借钱、寻求帮助、讨要这讨要那，而对于你的请求从不放在心上的话，那就不要再选择他做朋友，这种人太自私，完全是只占便宜不吃亏的类型，你可别指望从他身上得到什么闪光的东西。

八卦嘴：爱打听别人隐私，又总是控制不住地想要告诉别人的人，哪怕你干了一件小得不能再小的事情，也可能被他宣扬得全班皆知。

宣扬狭隘的哥们儿义气和鼓动你"豁出去"的人：如果不想有小南那样的下场，就不要交小亮这种类型的朋友，以免最后让你成为他的垫背者。

此外，父母还得正确地引导孩子的交友方向，关心孩子，并给予交友建议。具体来说应注意以下几方面。

1. 让孩子了解好朋友应具备的个性品质

什么样的朋友是好朋友，什么样的朋友值得交？这是父母应该告诉孩子的。比如，勤奋、努力、坚强、有毅力、能对自己所做的事情善始善终，能为自己的错误负责和承担后果，敢于创新，对人礼貌友善，从不搞破坏，对自己有信心，乐观开朗等个性品质，就是好朋友应该具备的。父母应让孩子明白，这些个性品质可以帮助人取得学业、事业的成功。

与此同时，父母还应让孩子明白坏朋友有怎样的个性品质。比如，对人使坏、小心眼、嫉妒心重、懦弱、胆怯、从不愿为自己的错误负责、人云亦云、坏脾气、爱打架闹事、懒惰、不爱主动思考等。要让孩子明白，这些不良的个性品质会危害人的健康成长，成为将来实现人生目标过程中的绊脚石。

2. 给孩子提出一些中肯的交友建议

什么样的朋友可以交？什么样的朋友不能交或少与之来往呢？对此，父母不妨结合自己的人生经验，给孩子一些中肯的建议。

一天，徐涛对爸爸说："爸爸，我们班上有两个同学打架了，这让我感到很意外！"

"有什么意外的？"爸爸感到好奇。

"因为他们本来是关系很好的朋友，但因为一件小事就吵起来，最后动了手！"

"哦，这确实让人意外！你对这件事是怎么看得呢？"爸爸问。

"我觉得吧，交朋友真的很重要，一定要交善良的朋友！"徐涛若有所思地说。

"你说的很对，交朋友确实关系重大，切莫乱交友！"爸爸趁机提醒儿子。

"那您说，什么样的人可以与他交朋友，什么样的人不能与他交朋友呢？"

"这个呀，爸爸觉得，有一些好的品质的人值得交往，比如，能够给你帮助和忠告的人可以结交，能让你心情愉快的人可以结交，与你有共同兴趣爱好的人可以结交，在你遇到困难时，毫不犹豫地帮助你的人可以结交……"爸爸一口气和儿子分享了很多交友经验。

"什么样的人不能与他交朋友呢？"徐涛继续问。

"我觉得反复无常的人一定要远离他，因为那种人你很难捉摸，刚才还对你笑脸相迎，你一不小心惹了他，他就可能对你怒目相向，甚至会对你大打出手！"爸爸说。

"是啊，我刚才说的那两个打架的同学，其中一个就是反复无常的人！那我以后要离这种人远点儿，太可怕了！"徐涛说。

有些大人经常对孩子说："我吃过的盐比你吃过的饭还要多！""我走过的桥比你走过的路还要多！"言外之意是，他们人生经历很多，阅历丰富，想告诉孩子应该多听他们的建议。这并非吹嘘，而是事实，在交友方面亦是如此。所以，建议父母找准时机，向孩子分享自己的交友经验，引导孩子谨慎交友，正确交友。比如，茶余饭后闲聊时，孩子交友受挫时，都是和孩子分享交友经验的好时机。

什么原因导致孩子离家出走

家就是温暖的港湾，无论是对于日出而作、日落而息的成人，还是对于青春期的孩子，回家都是一件幸福的事情。可是有一天，当孩子不再回家时，当父母看不到孩子熟悉的身影时，孩子可能离家出走了。

所谓离家出走，指的是孩子在没有得到父母允许的情况下，离开家或学校至少一天，且有意隐瞒其去向的行为。近年来，离家出走的孩子的数量呈逐渐上升的趋势。这让家庭和学校束手无策，也引起了社会各界的广泛关注。那么，到底是什么原因导致孩子离家出走呢？

1. 学习压力过重，父母要求过高

对孩子来说，学习是头等大事，而对父母来说，分数才是头等大事。孩子考试成绩好，那就代表学习好；孩子成绩差，就代表没学好。这是很多父母评判孩子学习情况的惯用方法。当孩子考了父母期望的成绩时，一家人欢呼雀跃；当孩子考试成绩不理想时，轻则遭到父母的批评指责，重则还会承受一些惩罚。

更可怕的是，父母还会给孩子报各种各样的补习班、兴趣班、特长班，把孩子每天的时间排得满满的，让孩子没有休息的时间，没有自由放松的空间。这给孩子造成了巨大的心理压力，让上学变成了为分数而学习，使孩子对学习失去了兴趣。

初二女孩杨杨曾有一次离家出走的经历："我的爸爸妈妈经常因为我学习的事情批评指责我，并且唠叨起来没完没了，总是翻来覆去地说一套'陈芝麻烂谷子'的理论，这些俗理论我都能背下来了。有一次，我实在是忍无可忍了，就和他们发生了激烈的争吵，

我爸当时竟然叫我滚出去，而我妈什么也没说，面无表情，十分冷漠。当时我伤心欲绝，什么都没想，就摔门而去。可是，当我走到楼下的时候，我突然清醒了，我没有什么地方可去，我并不想离开家。但我有自尊心，我决不会自己回去，因此，我跑到公园里，呆坐了一整天，直到他们把我找回家。"

毫无疑问，父母关心孩子的考试成绩是爱孩子的表现。可是由于用错了方式方法，导致给孩子一种错觉："父母爱的并不是我，而是分数。如果我考得好，父母就高兴，我提的要求他们也会尽量答应；如果我考得不好，父母就生气，对我的态度急转直下。"

在孩子离家出走的案例中，很多是因为父母对孩子学习上的要求过高导致。为了避免类似的情况再次发生，父母有必要做到以下几点。

（1）调整对孩子的学习期望值，给孩子多一点儿鼓励，多一点儿赏识。当孩子的成绩不理想时，不要急于否定孩子，不要气愤地批评指责孩子。试着鼓励孩子，引导孩子找出原因，帮孩子找到适合他的学习方法。

（2）任何时候，都不要因为孩子成绩不理想而动怒，更不应该情绪失控地喊出"给我滚出家门""我没有你这样的孩子"等令孩子伤心的话。要知道，青春期的孩子本来就敏感，父母说出的狠话，很容易导致孩子做出丧失理智的事情，比如离家出走，甚至自杀。

（3）分数固然重要，但分数不是评价孩子的唯一标准。父母不应该只关注孩子的分数，还应该关心孩子在其他方面的表现，比如，行为习惯的养成、意志品质的锻炼等。

2. 父母忙于赚钱，与孩子缺少交流

有位初二男孩离家出走，父母找到他后，做的第一件事居然是扇了孩子几个耳光，然后怒斥孩子："你别身在福中不知福，爸爸

妈妈整天忙着赚钱，还不都是为了你，你要什么，爸爸妈妈不都答应你了吗！"

几天之后，这个男孩给爸爸妈妈留下一张字条，再次离家出走。字条上写着："你们就知道忙活那个店，都没时间管我，也不和我说话。如果你们还这样，我早晚要把你们的店烧掉。"

很多家长认为，经营生意才是经营事业，殊不知把孩子教育好，给孩子关爱，才是父母最应该认真经营的事业。要想做好这件事，父母就不得不重视与孩子的情感交流。为此，父母应该做到以下几方面。

（1）即使工作再忙，也要抽出时间陪陪孩子，哪怕时间很短，和孩子谈谈心，陪孩子看看电视，都能让孩子感受到你对他的关爱。

（2）工作再忙，也要回家陪孩子吃饭。爸爸或妈妈，至少要有一位陪孩子吃饭。当然，最好一家人一起吃晚饭，这能让孩子感受到家庭的温暖。

（3）每周至少抽出一天，哪怕半天时间，陪孩子走出家门。或去动物园看看，或去公园走一走，或去球场运动，增进亲子感情。

3. 夫妻感情有裂痕，经常吵架或冷战

良好的家庭环境是孩子健康成长的基本保障，而良好的家庭环境是建立在和谐的夫妻感情基础之上的。如果夫妻恩爱，孩子就会从父母身上、从家庭中获得安全感。在这样的家庭环境中，孩子怎么会离家出走呢？反之，如果夫妻三天一大吵，两天一小吵，吵完了还要冷战几天，这一切孩子看在眼里，忧在心上，害怕有一天父母离婚，这样孩子怎么能开心地成长呢？

有位女士带着上初一的女儿找到心理咨询师："我女儿最近脾气很暴躁，动不动就摔东西，撕东西，还经常把自己关在屋里，不吃不喝，有时还会离家出走，干脆住到同学家，也不告诉我们大人……"

经了解，这位女士和丈夫感情不好，关系紧张。丈夫是个酒徒，经常喝完酒耍酒疯，在妻子身上找碴儿，然后吵架、打人、摔东西。妻子痛恨丈夫，于是以冷漠态度应对，什么话都憋在心里，整天郁郁寡欢。女儿见父亲和母亲--吵架，就非常害怕，常躲在角落里偷偷流泪。

夫妻之间和谐的关系是家庭和谐的基础，也是给孩子最好的礼物和教养。只有夫妻关系和谐了，整个家庭系统才能健康运转。因此，为了家庭幸福，为了孩子健康成长，父母一定要经营好夫妻关系。

任何时候生命都是第一位的

曾有这样的一则新闻报道：

25岁的女子黄某，凌晨3点多在福州一个ATM机上取钱，一名男子手持大砍刀突然闯入，并试图抢劫。她毫不畏惧，奋力与劫匪搏斗，仅耗时16秒就夺下歹徒手中的砍刀，并一路追赶劫匪。后来，在两名热心路人的帮助下将劫匪抓获。

一位瘦弱女子，空手夺下劫匪凶器，并在路人的帮助下擒获劫匪。这样的英雄故事是否会让你热血沸腾，大呼过瘾呢？相信每一位善良的家长都能从中感受到正义的力量，身心受到鼓舞。

然而，当媒体在宣传黄某的精神时，家长也必须警惕一种情绪：那就是不要让孩子存在过多的英雄主义情结。毕竟，能够在16秒时间，空手夺下歹徒凶器，并将歹徒制服的人太少了。绝大多数青春期的孩子没有这个能力，也没有这个运气。万一反抗不成功，被歹徒伤害，后果将不堪设想。

那么，当孩子遭遇危险时，家长该怎样教孩子保护自己呢？难道让孩子束手就擒吗？当然不是，家长完全可以通过正确的安全教育，让孩子将危险造成的伤害降至最低。

1. 教孩子尽量不要给歹徒作案的机会

回顾上面的案例——25岁的女子黄某，在凌晨3点多取款。在这个时间段取款，本身就有一定的危险性。可以假设，如果黄某不在这个时间取款，而是在第二天白天取款，相信这起抢劫事件就不会发生在她身上。

从这一点上看，父母可以教育孩子：一定要减少自己暴露在危险中的可能性。比如，晚上不要独自出门，即使和同伴一起出门，也要尽早回家；不要和陌生人同处一室，当发现有人尾随时，要设法摆脱，切不可疏于防范。

2. 为什么说任何时候都要把生命放在第一位

可以肯定的是，即使孩子尽量不让自己暴露在危险之中，也有可能会被危险找上门来。为了避免危险降临时孩子手足无措，家长务必教会孩子自我保护的技能。而自我保护的第一条原则就是：任何时候都要把生命安全放在第一位。

在英国的《儿童十大宣言》中，第一条和第三条就特别强调了"生命意识""生命重于一切"的观念。这两条值得每一位家长拿来教育孩子。

第一条：平安成长比成功更重要。

这是在告诉孩子：你可以不成功但不能不安全。无论是遭遇人为制造的危机，还是遭遇自然灾害，都应该注意保证自己的安全。

第三条：生命第一，财产第二。

这是在告诉孩子：人生在世，生命第一，为财舍命划不来。比如，当孩子遭遇抢劫时，孩子没能力反抗歹徒，那只能让孩子选择顺从，以保护生命安全。虽然顺从并不意味着一定安全，但反抗无疑会大大增加受伤害的危险。

3. 在保证生命安全的前提下进行反击

当坏人把你抱住了，该怎么做？

逃脱控制是最重要的。如果手能动，可以掰住对方的手指，向对方虎口相反的方向使劲。如果手不能动，头部能动的话，可以用嘴咬，也可以用脚踢对方的裆部。

这是某大学曾进行的安全教育课程内容。家长可以把它作为教育素材，教孩子在保证安全的前提下，进行恰当的反击。比如，在公共场合被人性骚扰时，可以语言警告对方；警告无效，可以做出反抗，比如，攻击对方的要害、猛踩对方的脚面等，然后挣脱逃跑。

4. 如果没有反击的条件，要教孩子巧妙周旋

反击是有条件的，如果没有反击的条件，家长应教孩子与歹徒巧妙周旋。

英国的《儿童十大宣言》中，第十条是"坏人可以骗"。这是在告诉孩子：对坏人你有不讲真话的权利，要学会骗坏人。通过欺骗的手段达到逃脱危险的目的，才是最聪明的选择之一。

比如，遭到抢劫时，可以让孩子这么做：对歹徒说，我身上没钱，要不你跟我回家，我从家里拿钱给你，我爸爸妈妈不在家。然后，让孩子把歹徒带到邻居家，或带回自己家（前提是家人在家），借助大人的帮助，逃离歹徒的魔爪。

5. 遇到危险时，能跑一定要快跑

英国《儿童十大宣言》中，第八条是"遇到危险可以自己先跑"。这告

诉孩子：你有果断逃生的权利，跑得越快越好。比如，当发生火灾、地震时，当遇到抢劫、恶性伤害事件时，应教孩子快跑。如果不能立即逃跑，还可以教孩子先假装顺从其意，麻痹对方，等对方有松懈时再趁机逃跑。

如此种种，家长在平时都可以灌输给孩子求生自保的知识，确保孩子在健康、安全、快乐的环境下成长。